Le hareng de Bismarck

(Le poison allemand)

Du même auteur

À la conquête du chaos: pour un nouveau réalisme en politique, Denoël, 1991.

Jusqu'à l'os: pour arrêter en politique la machine à se donner des claques, Régine Deforges, 1991.

La République sociale (collectif), L'Harmattan, 1992.

Rocard: le rendez-vous manqué, Ramsay, 1994.

Sept Jours dans la vie d'Attika (collectif), Ramsay, 2000.

Le Nouvel Âge du capitalisme (collectif), L'Harmattan, 2000.

Le Manifeste pour une école globale (collectif), L'Harmattan, 2002.

Causes républicaines, Seuil, 2004.

En quête de gauche: après la défaite. Entretien avec Michel Soudais, Balland, 2007.

Laïcité. Réplique au discours de Nicolas Sarkozy, chanoine de Latran, Bruno Leprince, 2008.

L'Autre Gauche, Bruno Leprince, 2009.

Qu'ils s'en aillent tous! Vite, la révolution citoyenne, Flammarion, 2010.

L'Europe austéritaire: critique argumentée du traité «Merkozy» (collectif), Bruno Leprince, 2012.

La Règle verte: pour l'éco-socialisme, Bruno Leprince, 2013.

L'Ère du peuple, Fayard, 2014.

Jean-Luc Mélenchon

Le hareng de Bismarck

(Le poison allemand)

PLON
www.plon.fr

© Éditions Plon, un département d'Édi8, 2015
12, avenue d'Italie
75013 Paris
Tél. : 01 44 16 09 00
Fax : 01 44 16 09 01
www.plon.fr

ISBN : 978-2-259-24132-8

Avertissement

Ceci est un pamphlet. Pas un ouvrage savant. Le ton et le style sont ceux de la polémique. Mon but est de percer le blindage cotonneux des béatitudes et des langueurs de tant de commentateurs hypnotisés par l'Allemagne. Je me suis décidé à l'écrire après avoir vu de quelle manière odieuse la nomenclature allemande a traité le nouveau gouvernement grec d'Alexis Tsipras et le peuple au nom duquel il parle. Une étape est franchie. Arrogante comme jamais, l'Allemagne est rendue aux brutalités, chantage et punitions pour ceux qui n'obéissent pas au doigt et à l'œil au nouvel ordre des choses qu'elle est parvenue à imposer. Une nouvelle saison cruelle de l'histoire vient de commencer en Europe.

Je prends la plume pour alerter : un monstre est né sous nos yeux, l'enfant de la finance dérégulée et d'un pays qui s'est voué à elle, nécrosé par le vieillissement accéléré de sa population. L'un ne serait rien sans l'autre. Cette alliance est en train de remodeler le vieux continent à sa main. Dès lors, l'Allemagne est, de nouveau, un danger. Le modèle qu'elle impose est, une fois de plus, un recul pour notre civilisation. Qu'elle ait pour paravent la Commission européenne, pour cheval de trait l'OTAN et pour complice toute la caste du fric dans chacun de nos pays ne retire rien à sa responsabilité dans l'affaire. Changer la donne politique et faire changer l'Allemagne sont devenus une seule et même chose. Il faut le faire avant qu'il ne soit trop tard. C'est-à-dire avant d'être totalement dilués de force dans «l'ordolibéralisme», le nouveau programme global de la droite et des socialistes allemands. Il faut le faire avant que le poison allemand n'ait produit la violence dans les nations et entre elles qu'il contient.

Alarme : l'histoire n'est pas seulement le récit du passé mais le matériau brûlant avec lequel se façonne le présent. Dans la vie des nations, c'est souvent sur les vieilles cicatrices que s'ouvrent les nouvelles plaies. Il avait été promis de faire l'Europe sans défaire la France. Les deux sont en train d'être dissoutes dans un potage nauséabond cuisiné en Allemagne. Mijotent dans la même marmite la cupidité, un futur borné par le vieillissement, la volonté de puissance, et la foi effrayante de devoir faire le bonheur des autres malgré eux. Allemands et Français ont un intérêt commun à mettre tout cela en échec. S'il faut se tenir la main dans la main, que ce soit pour vouloir le bien commun plutôt que pour déplorer la casse.

Introduction

Goûtez, je vous prie. Quand François Hollande vint lui rendre visite au bord de la Baltique, Angela Merkel* avait préparé un petit cadeau pour lui! C'était un tonnelet de «harengs Bismarck»! On appellerait ça un «message sicilien» dans le film *Le Parrain*. Le hareng a des arêtes qui peuvent rester en travers de la gorge. Il y a de quoi. Bismarck est l'agresseur de la France. Victorieux, il fit couronner le premier empereur des Allemands dans la galerie des Glaces du château de Versailles. Ce n'est pas tout. Ce cadeau rustique fut remis au son d'une chorale avec laquelle Angela entonna un charmant lied nostalgique de la grande Poméranie. La Poméranie! C'est

---

* Chancelière allemande depuis 2005.

un territoire à cheval sur l'Allemagne et la Pologne. Malheureusement, il est traversé par la fameuse ligne Oder-Neisse... Celle dont les Allemands ne voulaient pas admettre qu'elle soit leur limite à l'est. Mais la France de François Mitterrand a imposé cette frontière comme condition avant d'accepter l'unification des Allemagne en 1990. S'il vous reste assez de souffle pour respirer après cette histoire, apprenez encore un détail. Le nom du bateau. Celui sur lequel cette mignardise fut servie. Le *Nordwind.* C'est le nom d'un vent obsédant qui passe sur la Poméranie comme la tramontane sur son pays. Mais c'est aussi le nom de la dernière offensive en France des armées allemandes pendant la Seconde Guerre mondiale. Cette scène a eu lieu en mai 2014. Telles sont la chancelière et l'Allemagne d'aujourd'hui. L'une et l'autre se sentent assez fortes pour nous tenir ce langage offensant, les yeux dans les yeux. Et elles savent que les dirigeants français sont assez inhibés pour sourire sans répliquer.

En France ces choses-là ne sont pas permises. Les chiens de garde des bonnes manières ne le permettent pas. Mais, en Allemagne, on offre du «hareng Bismarck» et on se tape sur les cuisses. Je vois un consternant contraste entre l'arrogance injurieuse des dirigeants et médiacrâtes allemands actuels et la peur panique de leurs homologues français au moment de dire quoi que ce soit qui les contrarie. Les moutons français bêlent pitoyablement dans leur enclos quand claque le fouet des faces de pierre qui gouvernent outre-Rhin. Alors peut-on parler sereinement d'Allemagne? La critique est-elle possible sans être accusé de vouloir la guerre? Certes, en France, il y a toujours eu un fort parti de germanolâtres. Cette faiblesse est souvent innocente et parfois distrayante. Mais dans certaines circonstances elle peut être très toxique pour notre pays. C'est le cas aujourd'hui. Comment ces germanolâtres peuvent-ils supporter que les dirigeants allemands et leurs médiacrâtes parlent sur ce ton à la France comme au reste de l'Europe? Pourquoi taisent-ils le naufrage auquel l'Allemagne se destine? Pourquoi nous demandent-ils d'admirer un présent aussi calamiteux et un futur aussi pitoyable?

Si la *realpolitik* pousse parfois au cynisme, l'*irealpolitik* conduit toujours à un déni fatal. L'Europe va mal, la finance est reine partout, pille, tue et pollue : c'est parce que l'Allemagne y trouve son compte et ne saurait plus vivre autrement. Elle est prise dans une perpétuelle fuite en avant à la recherche de main-d'œuvre peu chère et nombreuse. Sinon, qui financera les retraites de sa population déclinante et vieillissante, toujours plus gourmande de services à la personne ? Car voici le héros de la nouvelle Europe allemande, celui au nom de qui tout est justifié. C'est celui dont les attentes coïncideraient avec l'intérêt général, le bons sens et peut-être la raison elle-même. C'est Sa Majesté le pensionné de la haute classe moyenne allemande. Celui-ci a signé pour une retraite par capitalisation plutôt que de croupir comme les autres retraités avec les miettes laissées au régime par répartition. Il demande alors à son parti, la CDU-CSU de Merkel et Schäuble, de défendre son pouvoir d'achat ! Euro fort et gros dividendes pour les fonds de pension, voilà son bonheur. Quoi de plus naturel ? Un système fondé sur l'égoïsme produit de l'égoïsme comme le foie de la bile. Jusqu'à nier l'idée même de progrès social. Dans cette vision de la société, le bien-être peut être tourné en ridicule avec un idéal de robot.

Ainsi quand monsieur Kohl déclarait senten-
cieusement en avril 1993 : «Une nation
industrielle n'est pas un parc de loisirs où les
retraités sont de plus en plus jeunes, les étu-
diants de plus en plus vieux, et les congés de
plus en plus longs.»

Comment en est-on arrivé là? L'Allemagne
n'est plus l'Allemagne. En tout cas plus celle à
laquelle, en France, banquiers et syndicalistes
trouvaient tant de vertu! La cogestion des
entreprises, l'alliance en béton de la banque
locale et des entreprises qu'elle alimentait ont
été rayées de la carte. Adieu les conventions
de branche et la syndicalisation quasi totale!
Le social-démocrate Schröder* a déverrouillé
l'ancien système au profit de la finance libre.
Et il a créé le petit peuple de rentiers qui s'ac-
crochent au nouvel ordre des choses dans la
peur de la misère qui monte de tous côtés.
Ainsi le mécanisme par lequel la finance de
notre temps cancérise toute l'économie productive dispose-t-il en Europe d'un parti et
d'un gouvernement qui le servent avec d'autant plus de zèle que l'avenir des gens les plus

---

* Chancelier allemand de 1998 à 2005.

influents dans sa population en dépend. L'intérêt irresponsable d'une minorité anxieuse de la population bien lotie en Allemagne est devenu la finalité à laquelle devraient se soumettre toutes nos sociétés. Du coup, les comptables de la plus grosse maison de retraite du monde sont devenus les maîtres de la civilisation européenne. Pour y parvenir, l'un après l'autre, tous les anciens pays du bloc de l'Est sont annexés sous couleur d'adhésion au «rêve européen», devenu entre-temps une escroquerie. Des millions de gens ont été ainsi rendus disponibles. Chez eux ou sous l'habit du «travailleur détaché», ils fournissent la main-d'œuvre à bas prix qui permet au «made in Germany» de financer les fonds de pension. Comme elles se sont approprié l'Allemagne de l'Est (RDA), les grandes firmes demandent à l'État allemand de protéger leur prédation et de leur fournir sans cesse de nouveaux contingents de serviteurs à bas prix.

Réveillez-vous! Voyez d'abord quelle fumisterie est la légende du «modèle allemand»! Et, pour le montrer, je veux commencer par décrire l'envers du décor écologique et social de ce pays. Le bilan humain avant l'analyse globale. La douche froide pour se secouer. Des faits, encore des faits, pour dessiller les yeux. Après quoi il sera possible de faire cesser les génuflexions devant le voisin germanique si sérieux et travailleur! Il n'est ni l'un ni l'autre mieux que d'autres, et souvent beaucoup moins. De leur côté, loin d'être des partenaires sérieux et rigoureux, les gouvernements allemands donneurs de leçons ne paient pas souvent leurs dettes dans l'histoire. Les Grecs, entre autres, en savent quelque chose. Pourtant, après avoir fait de ce malheureux pays un laboratoire économique, le gouvernement allemand en fait un laboratoire politique: comment briser la résistance de ceux qui s'opposent à «l'ordolibéralisme». C'est la doctrine politique que l'Allemagne veut imposer partout. Au pouvoir outre-Rhin, hier diffusée par doses homéopathiques, elle a déjà créé assez d'addiction dans les classes dirigeantes européennes pour être dorénavant inoculée d'une main de fer. Elle prétend séparer totalement l'économie de la décision des citoyens et faire de la monnaie une vache sacrée autorisée à brouter ce qui lui plaît, où ça lui plaît, et même dans votre assiette. Elle est ainsi la négation de l'identité républicaine de la France qui suppose le pouvoir sur toute chose du citoyen. Elle est le triomphe du capitalisme financiarisé. Elle est le terreau des pires conflits dans les nations et entre elles à mesure qu'elle inocule partout son poison.

Ce poison allemand est l'opium des riches. Pour eux, si un tel paradis de discipline et de silence sur un tel océan de misère, d'exploitation et d'asservissement peut exister, alors tous leurs espoirs sont permis. J'invite les Français à se méfier de la fascination morbide pour la prétendue efficience allemande. Cette addiction a déjà provoqué le naufrage moral de la génération des élites médiatiques et patronales françaises d'avant-guerre. Je vois bien comment de nouveau peu leur chaut le patriotisme. Ils savent l'essentiel : qui critique l'Allemagne actuelle s'attaque en fait aux mécanismes qui permettent le gavage de la classe dominante sans patrie qui commande en toute chose à présent dans chaque pays ! En France, une personnalité essentielle de l'oligarchie comme monsieur Alain Minc peut écrire un livre intitulé *Vive l'Allemagne !* sans aucune de ces précautions de langage que l'on exigera implacablement de moi. Du moment qu'il chante la gloire du travail à petit prix et les merveilles de l'économie financière outre-Rhin, il peut tout dire. Depuis longtemps, les élites sociales françaises collaborent avec enthousiasme au dénigrement de leur patrie. Les déclinistes professionnels entonnent avec ferveur les couplets obscènes à la gloire du travail forcé « à l'allemande », recopient méthodiquement les trouvailles esclavagistes qui permettent le travail de jour comme de nuit sans trêve ni pause commune pour les familles le dimanche, les jobs à un euro et ainsi de suite. L'ANI et les autres macronnades sont les copies conformes sans imagination des attentats de Schröder et Merkel contre les acquis des salariés.

Plutôt que de vouloir les imiter, mieux vaudrait s'y confronter et pousser ainsi l'Allemagne à prendre un autre chemin. Celui où son peuple se sentirait assez confiant pour vouloir des enfants, où les femmes, les vieux, les innombrables pauvres de ce pays ne seraient plus autant exploités et maltraités. Une voie où ce pays cesserait de mépriser les autres, ceux de l'Est qu'il exploite et ceux du Sud qu'il regarde de haut et brutalise grossièrement.

Une voie où les mauvaises habitudes de brutalité et de cupidité apprises dans l'annexion de l'ancienne RDA cesseraient d'être un modèle de mauvais traitement à reproduire dès qu'une proie leur semble se présenter. Une nouvelle trajectoire où ce voisin cesserait d'être le roi des pollueurs irresponsables, de l'agroalimentaire inhumain, l'avant-garde de la destruction des acquis sociaux et du recul de l'espérance de vie des travailleurs, le chauffeur du train militaire de l'OTAN et le sacristain de toutes les Églises.

En fait, le «modèle» allemand est une imposture qui réunit les ingrédients d'une terrible déflagration. Chez lui et chez les autres. Le revolver mis sur la tempe de Chypre puis de la Grèce, menacée froidement d'effondrement bancaire, est le terrible début d'une nouvelle saison cruelle dans l'histoire. Ainsi le résultat de toutes les élections est désormais placé sous condition d'approbation allemande? Tout le monde le paiera un jour ou l'autre. Car ça ne fait que commencer. En toute hypothèse, l'histoire a montré combien notre voisin mérite de précautions. Il nous a en effet envahis trois fois en moins d'un siècle. Il a occupé notre pays deux fois dont l'une près de 50 ans en Alsace-Lorraine. Il a inventé et mis en œuvre l'une des plus horribles doctrines politiques de l'histoire de l'humanité. La légende voudrait que tout soit oublié, tout soit pardonné. Ce n'est pas ma façon de voir. Je veux rappeler que nous nous sommes «réconciliés». Dans la vie des nations comme dans celle des individus, aucune réconciliation n'est inconditionnelle. «Ceux qui ne connaissent pas l'histoire sont condamnés à la revivre», dit Karl Marx. Si cet auteur allemand vous déplaît, alors je cite les propos tenus en 1985 par le président allemand Richard von Weizsäcker. Pour lui, ceux qui ferment les yeux sur le passé «s'aveuglent pour l'avenir». L'impérialisme allemand est de retour. La dictamolle européenne est son nouvel uniforme. L'ordolibéralisme son credo. Les maisons de retraite son nouveau projet de civilisation. Au secours!

1

Un antimodèle écologique

Je ne sais pas pourquoi les Allemands ont cette réputation d'écologistes à bonnes joues rouges. La légende les montre souvent naturistes, comme le fut leur chancelière, mangeant de bonnes tartines au miel. On dit qu'ils aiment surtout se promener dans les forêts de sapins. Là ils respirent à pleins poumons l'air frais d'une nature aussi bien astiquée que la carrosserie de la BMW avec laquelle ils sont arrivés au départ du sentier de randonnée. Naturellement c'est un cliché. Et une cruelle illusion. L'Allemagne est le pays le plus sale d'Europe, le plus gros pollueur. De plus, il marche en tête pour la malbouffe : l'épidémie d'obésité frappe en Allemagne davantage que partout en Europe. Ses exportations alimentaires sont responsables de quelques-uns des plus grands scandales sanitaires de notre époque. Quant aux tartines au miel, il faudra se dépêcher avant de se contenter d'ersatz. Car les firmes chimiques allemandes sont les premières responsables de la mortalité des abeilles. Et celles qui survivent feraient bien de se méfier en butinant les plantes OGM que ces mêmes firmes produisent. Car il est arrivé que les Frankenstein végétaux allemands échappent totalement à leurs géniaux inventeurs. Le «poison allemand» passe par l'air et la nourriture avec la même bonne conscience, et la même agressivité quand on lui résiste, que le reste des trouvailles de ce «modèle» morbide. Je vais maintenant raconter tout cela. Mais d'ores et déjà, sachez tous que si nous buvons demain du lait ce sera celui des usines à vaches que les Allemands ont introduites en Europe. Il sera pourri de médicaments injectés à ces pauvres bêtes mises en boîtes de sardines. Inutile d'espérer boire un coup de nos magnifiques vins pour oublier! Les Allemands sont en train de gagner leur lutte abominable contre les normes qui rendent possibles les merveilles œnologiques françaises. Piquette pour tout le monde! Bref, leur «modèle agricole» est aussi néfaste que tout le reste des trouvailles de ce pays malade à mort de l'esprit de système le plus étriqué et le plus méprisant du bon sens commun. Le capitalisme vert allemand est une variante du capitalisme noir du lignite que le pays exploite de nouveau avant de passer aux gaz de schiste pour qu'aucune saleté ne manque à l'appel du productivisme irresponsable qui prévaut outre-Rhin.

L'Allemagne aime le CO_2 et ne nous en prive pas !

Toute l'Europe est mobilisée pour réduire ses émissions de CO_2. Sauf l'Allemagne ! La première économie, celle qui a le plus de marge de manœuvre financière, ne devrait-elle pas montrer l'exemple ? Non. L'Allemagne est donc le premier émetteur de gaz à effet de serre de l'Union européenne (UE). Elle rejette deux fois plus de CO_2 dans l'atmosphère que la France. Non seulement elle ne réduit pas ses émissions comme l'Europe s'y est engagée, mais elle les augmente. Et pas qu'un peu. Elle a ainsi émis 15 millions de tonnes de CO_2 supplémentaires en 2013. Deuxième année consécutive de hausse. Pendant ce temps, tous ses voisins ramaient en sens inverse. Dès lors, quand on constate une diminution de 2,5 % des émissions nocives de l'ensemble de l'Union, on doit se souvenir que ce n'est certainement pas grâce à la discipline des Allemands, ni à leur rigueur, ni à leurs instincts spontanément écologistes ! Les experts du GIEC* peuvent toujours montrer l'urgence croissante de réduire les émissions pour sauver la vie humaine sur la planète, madame Merkel s'en bat les couettes ! L'Allemagne jouit d'une totale impunité. Qui oserait faire une remarque ? On vous pend en Europe pour un point de déficit structurel de trop mais vous pouvez librement y empoisonner tous vos voisins par vos pollutions. L'Allemagne aime le CO_2, et elle ne s'en prive pas ! Son lamentable exemple est contagieux. L'irresponsabilité allemande sert d'ailleurs régulièrement de prétexte aux États qui rechignent à réduire leurs émissions, notamment la Pologne

---

* Groupe intergouvernemental d'experts sur le climat.

et le Royaume-Uni. De leur côté, mobilisés comme une armée, les chiens de garde allemands freinent systématiquement au Parlement européen et au Conseil tout effort de l'Union européenne pour réduire plus fortement ses émissions. Ils sont assez bien placés pour y parvenir.

Les déménageurs du monde

Peut-être peut-on espérer une prise de conscience en formation à l'approche du sommet mondial sur le climat et à mesure que les effets du changement climatique se confirment? Non. Pas du tout. L'Allemagne donne des leçons, elle n'en reçoit pas. De toute façon le «modèle allemand» est par nature voué à la pollution maximale! Tout va donc s'aggraver, au détriment de l'ensemble du continent. La cause est profonde. C'est un effet mécanique de la matrice productive de l'Allemagne. Le modèle exportateur allemand est à lui seul la cause d'une impasse écologique globale. En faisant reposer sa croissance sur des exportations sans cesse plus lointaines, l'Allemagne est

devenue l'épicentre européen du déménage-
ment mercantile qui précipite le réchauffement
climatique. Vice-championne du monde du
commerce extérieur, derrière la Chine, ses
ventes hors d'Europe augmentent rapidement.
Elles sont ainsi passées de 35 à 43 % entre 2007
et 2013. Pas étonnant que ses émissions de
CO_2 aient grimpé en parallèle. Si tous les
États de l'UE se convertissaient au modèle
exportateur allemand, la planète serait instanta-
nément asphyxiée. Conséquence logique de ce
modèle absurde, l'Allemagne est la championne
d'Europe du transport de marchandises. Oui
mais dans quelle catégorie de transport ? La
bicyclette écolo ? Le train ? Non, le pire qui
soit, le plus polluant de tous : l'avion ! Et là
encore, loin de chercher comment faire autrement, par esprit de système, irresponsabilité et
je-m'en-foutisme, elle accélère. Ainsi, de 2004
à 2012, la quantité de marchandises transpor-
tées par avion a encore augmenté de 51 % en
Allemagne ! L'Allemagne est donc le premier
responsable européen pour les méfaits écologiques du libre-échange. Elle transporte deux
fois et demie plus de marchandises par avion
que la France. Dans ces conditions on comprend

mieux pourquoi outre-Rhin on est si délicieusement excité à l'idée de la mise en place du grand marché transatlantique entre Europe et États-Unis! Que de bonheur en vue: tous ces avions à charger jusqu'à la gueule de «made in Germany»! Crèvent l'air et tout ce qui y vit! Les avions doivent passer. Que se poussent les oiseaux qui encombrent le ciel sans rien faire d'utile pour le PIB! Mettez plutôt vos masques à gaz! Ça tombe bien: ils sont eux aussi «made in Germany»!

Le nouveau paradis du charbon

D'où viennent tant de saletés? De choix irresponsables. Là non plus, l'Allemagne de Merkel n'a pas fait les choses à moitié. Schröder avait décidé un abandon progressif du nucléaire pour permettre une montée en puissance des énergies renouvelables. Merkel n'a pas supporté toutes ces lenteurs. Hop! En rang par deux, la pelle, la pioche! Direction les mines où le bon charbon vous attend! Le charbon? Non, pire encore: le lignite. L'Allemagne détient le triste record de premier producteur mondial de cette énergie fossile. La plus polluante de toutes. Tout pique aux yeux, de l'extraction à la combustion. Humez-moi ça, je vous prie : dioxyde de soufre, mercure, monoxyde d'azote, arsenic, plomb, cadmium : les centrales électriques qui brûlent cette cochonnerie en embaument généreuse-ment notre air quotidien jusqu'en région parisienne. Ce parfum serait responsable de 20 000 décès prématurés en Europe. Évidemment, en un temps record, l'Allemagne produit plus d'électricité avec cette saleté qu'avec les énergies renouvelables. Et là encore ce n'est pas près de s'arrêter : au rythme actuel d'extraction, les réserves sont estimées à 300 ans.

Toute l'industrie allemande est d'ailleurs mobilisée pour soutenir ce renouveau du charbon. Avec l'aide du gouvernement qui rogne pour cela les aides aux énergies renouvelables. Le ministre social-démocrate de l'Économie n'est pas en reste. Sigmar Gabriel plaide pour baisser les tarifs bonifiés d'achat de l'électricité issue de l'éolien, du solaire et de la biomasse. Cet ami de la nature veut aussi en limiter les nouvelles installations. Pendant ce temps, au son du clairon, des villages entiers sont rayés de la carte en Rhénanie-du-Nord-Westphalie pour laisser place à des excavatrices géantes. Dans l'est du pays, le plus riche en lignite en dehors du bassin de Cologne pour son malheur, l'air est suave comme un bonbon acidulé grâce au soufre du lignite brûlé. Rien n'arrête les furieux qui ont fait cette trouvaille. Ainsi, quand l'extraction atteint comme souvent des profondeurs remarquables, hop, on pompe pour abaisser le niveau des nappes phréatiques ! On ne fait rien à moitié chez ces gens-là, messieurs-dames !

L'irresponsabilité face au changement climatique est totale chez les dirigeants allemands. Les voici à présent vivement intéressés par les gaz de schiste. L'Allemagne a refusé toute interdiction de prospection ou d'exploitation. Mieux : d'importantes expérimentations et explorations ont commencé. Mais d'intenses mobilisations populaires ont lieu. Je doute pourtant que cela ébranle les certitudes des faces de pierre qui décident là-bas.

La grosse bagnole fait la loi européenne

De toute façon, la pollution est une culture nationale. Peut-il en être autrement? La place qu'occupent une certaine industrie automobile et la grosse voiture individuelle polluante dans le modèle allemand est si essentielle! En fait l'Allemagne est surtout une grande usine à fabriquer des voitures. 19% de son activité industrielle y est consacrée. Elle cumule donc sur ce plan toutes les tares écologiques de l'automobile. Chez elle d'abord par la quantité de véhicules en circulation. Elle fait partie des pays d'Europe comptant la part la plus importante de voitures individuelles: 530 voitures pour 1 000 habitants. Moins de 500 en France. C'est Eurostat, l'institut statistique de l'Union européenne qui le dit. Et tout ça dégage davantage de pollution qu'ailleurs. Car le «modèle allemand» de l'automobile, c'est la grosse cylindrée. Là encore, c'est un poison pour toute l'Europe. Et comme ça renâclait chez les voisins, les agents d'influence se sont déchaînés pour bloquer toute tentative de réduction des émissions de CO_2. En 2013, l'Allemagne a connu un grand succès en empêchant une nouvelle étape de réduction des émissions de CO_2. Champagne! Il s'agissait d'obliger les voitures à passer de 130 à 95 grammes de CO_2 par kilomètre à l'horizon 2020. Elle a tout bloqué! Contre l'avis du Parlement européen et même de la Commission européenne. Sa volonté s'est imposée grâce à un véritable acharnement sur les États membres. Les bonnes grosses vieilles méthodes de brutes. «Tu ne veux pas respirer de la bonne saleté qui te permet de manger? On fermera notre usine chez toi! Silence!» Angela Merkel n'a donc pas caché pour qui elle roulait dans cette affaire. «Certains de nos constructeurs, qui produisent majoritairement de grosses voitures, même s'il s'agit des plus efficaces et des plus innovantes dans leur seg-ment, seraient très pénalisés par le projet européen actuel.» Fermez le ban! Des grosses voitures dans lesquelles roulent les électeurs de la CDU. Leurs fabricants le lui rendent bien: une semaine avant la réunion fatidique du Conseil européen sur ce sujet, la formation d'Angela Merkel a reçu 690 000 euros de dons de la part de BMW, constructeur visé par la réduction d'émissions de CO_2. Évidemment ça n'a pas de rapport. Car ce n'est pas cher payé pour l'ampleur du crime commis.

Propre chez elle, sale chez les autres

Et maintenant voici les rois de la poubelle qui déborde! Comment ça, est-ce possible? L'Allemagne n'a-t-elle pas été en pointe et même à l'avant-garde en matière de recyclage? Méfiance. Les apparences et la réalité sont deux mondes bien distincts dans ce pays-là. Les Allemands ont beau trier méthodiquement leurs déchets depuis 30 ans, ils continuent d'en produire plus que la plupart des pays européens: 250 kilos par habitant et par an alors que les Français en produisent moins de 200 selon Eurostat. Mais cela ne l'a jamais empêchée d'être pendant longtemps le premier pays exportateur mondial de déchets. Ces surplus, elle les a d'abord volontiers expédiés vers l'est où personne n'était en état de se défendre. À cette heure, l'Allemagne est encore le premier exportateur européen de déchets électroniques vers l'Afrique. Des déchets qu'elle maquille le plus souvent comme des «produits d'occasion», alors qu'il s'agit d'objets ou de pièces hors d'usage. Là encore cette situation est liée à la nature du modèle productiviste allemand soigneusement masqué par les gazouillis écolo du coucou des horloges «made in Germany». Une des composantes profondes de la civilisation actuelle des déchets est l'industrie chimique. Elle impose, notamment à travers le règne des plastiques et des produits phytosanitaires, des matériaux ou des molécules de synthèse dans toutes les productions. Sans apporter toujours un véritable avantage par rapport aux produits naturels auxquels ils se substituent. Mais qui fait le tri chez soi voit bien la place des emballages dans la vie quotidienne des consommateurs. La poubelle des déchets organiques se remplit deux ou trois fois moins vite que celle des emballages. On connaît la crise de l'écosystème au moment d'encaisser le choc de cette marée de déchets quasi indestructibles. Face à la civilisation humaine, la part de l'Allemagne dans ce désastre est impardonnable.

Le bras long des empoisonneurs

L'Allemagne est depuis longtemps à la tête de l'industrie chimique mondiale, à travers les firmes BASF et Bayer. Leur poids n'est pas seulement économique. Il est surtout politique et culturel. Étroitement liées à l'État pour le meilleur et pour le pire, ces entreprises bénéficient d'une remarquable stabilité historique depuis le xixe siècle. Leurs exploits dans l'invention et la fabrication de masse des armes chimiques lors des deux guerres mondiales n'ont nullement compromis ni leur développement ni leur prestige. Avoir produit le gaz moutarde puis le Zyklon B et en avoir tiré d'immenses profits n'a entraîné ni leur démantèlement ni même leur changement de nom. Leur impunité oligarchique est donc totale dans le modèle allemand. Nous, en France, nous avons au moins débaptisé les collaborateurs et changé les dirigeants des entreprises coupables. Ainsi Louis Renault a-t-il été exproprié. Ainsi le journal « collabo » *Le Temps* a-t-il été confisqué pour pouvoir devenir *Le Monde*.

En Allemagne, non. Les mêmes ont continué comme si de rien n'était ou presque. Ils ont donc logiquement été en première ligne de la lutte contre les réglementations écologiques, notamment européennes. En particulier pour vider de sa substance la fameuse directive européenne REACH sur les produits chimiques. Ces firmes sont parvenues à leur objectif principal : réduire le nombre de substances concernées et « assouplir » la réglementation de celles qui le restaient. Lors de la négociation de cette directive en 2005-2006, tout le système politique allemand s'est mobilisé sur cet objectif irresponsable. Sociaux-démocrates et conservateurs se sont entendus au sein de la grande coalition à Berlin pour défendre au Conseil les préconisations de Bayer et BASF. Et jusqu'au Parlement européen en transversale de l'hémicycle les Allemands ont marché ensemble. Un accord entre le président du groupe PSE* Martin Schulz et le président de droite du Parlement européen Hans-Gert Pöttering a réussi à faire évoluer la directive dans le sens demandé par les firmes.

---

* Parti socialiste européen.

BASF et Bayer méritent un arrêt sur image puisque je viens de les citer. Ce sont les leaders européens des pesticides. L'agriculture française en est très gourmande. L'air, le sol et l'eau, sans oublier les poumons et les testicules cancérisés des agriculteurs, leur paient une lourde rançon. Mais la nuisance allemande dans ce domaine est universelle. Ces deux-là se sont notamment illustrés dans la fabrication des insecticides Gaucho et Regent. Ces deux venins sont accusés d'être responsables de la surmortalité massive des abeilles. Ces produits contaminent toute la plante traitée et ensuite toute la chaîne alimentaire. Ils font peser un risque mortel sur la pollinisation de tout l'écosystème. Ils menacent donc la production de fruits, légumes, graines, etc. Au point d'avoir été interdits en France en 2004 après que des millions de tonnes en eurent été déversées ! Cela n'a pas refroidi les deux héros de la chimie des fous. De nombreuses autres substances potentiellement nocives pour les abeilles et l'écosystème continuent d'être commercialisées par ces deux firmes, en toute impunité. Mais il y a plus grave encore !

Frankenstein s'est sauvé

Ce sont ces mêmes firmes qui ont servi de laboratoire pour introduire le poison des OGM en Europe. Au départ, les pays membres de l'Union étaient tous relativement rétifs à cette sorte de mutants végétaux. Les deux firmes chimiques allemandes se sont mises sérieusement au travail ! Elles ont pris la tête du lobby européen qui, en toute légalité, peut s'agiter pour convaincre en leur faveur. Mais, bien sûr, il fallait d'abord remplir les rayons du magasin. Bayer a ainsi développé toute une panoplie de colza, maïs, blé et riz OGM. Tandis que BASF a inventé les premières pommes de terre OGM. Mais la résistance des paysans européens à ces semences qui détruisaient leur autonomie gâchait tout. Il fallait donc augmenter la puissance de la pression. Bayer a noué en 2013 une alliance stratégique avec le géant mondial Monsanto. Ils ont signé des accords d'échange de licences. Ainsi s'est accrue de façon considérable l'emprise de leurs OGM sur l'agriculture européenne et mondiale.

Ce qu'est la puissance de ces firmes s'observe à travers les changements de cap des décisions du gouvernement. L'Allemagne se méfiait d'abord des OGM sur son sol! Propre chez soi, sale chez les autres, quoi de mieux? La culture des OGM a donc été bannie d'Allemagne de 1999 à 2014. Mais elle a repris depuis. Quoi qu'il en soit sur son propre sol, elle n'a cessé d'en promouvoir la diffusion en Europe et dans le monde. En 2012, alors qu'une étude française (Séralini) pointe pour la première fois la toxicité des maïs OGM, l'autorité sanitaire allemande dénonce cette étude et impose son point de vue à l'autorité sanitaire européenne. En 2014, la firme américaine Pioneer demande l'autorisation de cultiver un nouveau maïs transgénique en Europe. À cette époque, une majorité d'États européens interdisent déjà les OGM sur leur sol. Mais la Commission européenne de son côté y était devenue favorable. On se demande bien pourquoi. La France propose alors de refuser ce nouvel OGM. Pour cela il lui faut obtenir de pouvoir dessaisir la Commission de son pouvoir d'autorisation. Telle est la procédure tortueuse qui s'impose dans ce domaine. Ce vote crucial réclamait une majorité qualifiée d'États au Conseil des gouvernements. Les devoirs du «couple franco-allemand», et tout le reste, n'ont pas empêché l'Allemagne de s'abstenir dans ce vote. Ainsi a été rendu impossible le blocage demandé par les Français. Au-dessus de l'amitié, il y a la chimie. De cette façon l'Allemagne a ouvert la voie à l'autorisation de ce nouvel OGM. Et elle a encore pesé avec succès de tout son poids en faveur d'une procédure d'auto-risation plus souple lors de la réforme globale en 2014.

L'irresponsabilité des firmes dont le gouver-nement allemand défend ainsi les intérêts est pourtant avérée. Surtout quand il s'agit d'OGM. Les colzas OGM de Bayer autorisés par la Commission européenne sont par exemple de véritables bombes chimiques. Leur durée de dissémination atteint les 10 ans. Et ils entraînent l'hybridation de nombreux végétaux n'ayant aucun rapport avec le colza. D'où un risque de contamination générale et durable des écosystèmes agricoles par l'en-zyme stérilisateur toxique que contiennent ces colzas. Mais aussi de toute la chaîne alimentaire. On peut avoir peur des chimistes allemands.

Car leurs expérimentations en 2001 sur un riz transgénique ont conduit à un véritable désastre mondial. Il était censé être remarquable par sa résistance à l'herbicide Liberty produit d'ailleurs par la même compagnie! Finalement, cet OGM a été interdit. En effet, son très haut pouvoir contaminant a infecté les cultures de riz dans trente pays entre 2006 et 2010. Aux USA, 30% de l'ensemble des surfaces cultivées en riz ont été contaminées. La firme elle-même a reconnu qu'elle en avait perdu le contrôle. Des crimes écologiques qui restent impunis. Le pouvoir oligarchique qu'exercent ces firmes dans le modèle allemand préfigure le monde qu'elles nous préparent en exportant leur prétendu «modèle» bienfaisant.

Hard discount et malbouffe

Loin de rester cantonné dans l'énergie et la chimie, le modèle productiviste irresponsable allemand a aussi envahi l'agroalimentaire. Là encore c'est au prix d'un désastre écologique devenu bien sûr aussi une catastrophe sanitaire. Évidemment tout cela contraste beaucoup avec les effets de vitrine que sont ses conversions très médiatisées de surfaces en agriculture biologique. Ou encore avec l'importance ostentatoire donnée aux circuits végétariens. Ce n'est pourtant pas ces vertus qui dominent le modèle alimentaire allemand. C'est plutôt le modèle du hard discount. Il occupe près de la moitié du marché alimentaire en Allemagne, contre 12 % seulement en France. Inventé outre-Rhin après guerre avec Aldi puis Lidl, ce modèle a ensuite infecté toute l'Europe. En commençant par l'est de la France dans les années 1980, hélas. On sait de quoi il est question ici. Ce « modèle » est marqué par une extrême standardisation de l'alimentation. Pas de miracle de la nature dans cette affaire. C'est le résultat d'une pratique commerciale féroce. Elle entraîne une intense concentration des filières de production, avec l'objectif unique de réduire les coûts. Mais ce que les consommateurs perdent en qualité et diversité des produits, ils sont loin de le retrouver en pouvoir d'achat. En effet, l'essentiel des bénéfices colossaux dégagés par le hard discount est accaparé par ses actionnaires. À tel point que les trois premières fortunes allemandes en sont issues. Ceux qui servent la table des pauvres sont les plus riches du pays, avec les familles des frères Albrecht (Aldi), aux deux premières places, et la famille Schwarz (Lidl), à la troisième.

Les conséquences sanitaires de ce modèle alimentaire à bas coût et peu diversifié sont lamentables. L'Allemagne est ainsi un des pays d'Europe les plus touchés par l'obésité. Selon une étude citée par la *Süddeutsche Zeitung*, 67,1 % des hommes de 18 à 79 ans et 53 % des femmes du même âge sont en surpoids. Et près de 24 % des Allemands adultes sont atteints d'obésité ! Que cela n'empêche pas nos déclinistes de faire leur office ! Horreur, la France est à la traîne de l'Allemagne avec seulement 15 % de personnes malades d'obésité ! Allez, encore un effort pour faire aussi bien que le « modèle » ! Mangez mal !

Fermes usines à la dioxine

Le poids économique du hard discount a profondément transformé en cascade toute l'industrie agroalimentaire allemande. Une fois de plus le modèle allemand est un poison pour l'Europe. L'Allemagne est la première puissance agroalimentaire de l'UE depuis 2009! Cet exploit s'est réalisé au prix d'une concentration et d'une industrialisation qui a fait passer au second plan toute autre considération. Dans ce monde-là, les questions écologiques et sanitaires, sans même parler de la diversité gustative et de la qualité gastronomique, n'ont aucune place. L'Allemagne est ainsi devenue premier producteur de porc, de volaille, d'œufs et de lait en à peine 5 ans, alors que 20 000 exploitations disparaissaient. Cette mutation s'est faite directement sous la pression des distributeurs discount. Cela a entraîné la création de ces «fermes usines» à vaches, cochons, poulets, qui sont aussi une honte de maltraitance des animaux.

La filière viande est particulièrement touchée par un dumping social terrible dans les abattoirs. Des dizaines de milliers d'intérimaires sont payés moins de 5 euros de l'heure. Cette course folle à la baisse des coûts de production expose le pays et ses clients à des risques sanitaires élevés. Car le tiers de la production agroalimentaire allemande est désormais exporté. Toute l'Europe et une partie du monde ont ainsi été contaminées à trois reprises en 10 ans par des viandes allemandes infectées à la dioxine, une substance hautement cancérigène. Le risque implique aussi l'agriculture biologique qui est devenue une marchandise comme une autre dans ce système. Pour en réduire les coûts, les éleveurs ont par exemple importé d'importantes quantités de maïs prétendument bio depuis l'Ukraine. Des produits intoxiqués à la dioxine lors de leur transformation et diffusés dans les élevages des quatre coins de l'Allemagne. Bon appétit !

L'obsession pour ce modèle d'extrême standardisation des produits alimentaires entraîne chez les gouvernants allemands une diminution spectaculaire de leur compréhension du monde et même du sens de la vie. Pour eux l'enjeu de la diversité des productions, du maintien de nombreuses productions artisanales et de tout ce qui garantit la richesse gastronomique devient une insupportable manie héritée de l'âge des cavernes. Que dis-je, un symptôme supplémentaire de la mentalité rétrograde de ceux qui croient pouvoir vivre dans un parc de loisirs. C'est le cas en particulier à propos du vin. Le vin est souvent le meilleur instrument de mesure du niveau de culture humaine d'un peuple. L'Allemagne n'y contribue guère. Au contraire ! Elle est ainsi en première ligne depuis 30 ans pour libéraliser la réglementation de la production du vin. Dans l'esprit étriqué des décideurs allemands, on doit pouvoir planter ce qu'on veut, où on veut, quand on veut. Ils veulent donc créer un marché des droits à plantation. Finis, le contingentement à la française, les quantités et les localisations contrôlées. Vive le bordeaux de Düsseldorf, le vin jaune de Brême, le saint-amour de Dresde. Au secours ! Au secours ! Périssent l'Allemagne, son « modèle » et ses grosses bagnoles plutôt qu'un seul instant à table avec une poularde à la peau craquante, un roquefort correctement moisi et un bon verre de rouge à la robe légère.

2

Qui a envie d'être allemand?

L'Allemagne, «c'est un modèle pour ceux qui ne s'intéressent pas à la vie [...], personne n'a envie d'être allemand, pas même les Allemands! La preuve, ils ne font pas d'enfant». J'ai répliqué ça en juin 2013. J'ai été aussitôt lapidé, écartelé, bouilli et roué médiatiquement. Jusqu'en Allemagne! Là-bas les articles étaient ornés de photos spécialement dégradantes pour que les gros lourds de lecteurs comprennent tout de suite que je suis une bête française très répugnante. Hélas: je n'ai pas changé d'avis et les faits n'ont pas changé non plus. Ce n'est pas un signe de bonne santé morale que dans le pays le plus riche d'Europe on n'ait pas le goût de faire partager son bonheur à des enfants. La cause est que les petits bonheurs simples en Allemagne ne sont pas au rendez-vous du «modèle» glo-rifié par les instituts d'analyse. Mais pour eux la vie des gens n'est rien. Seuls comptent les bons indices de rendement et de productivité. Les sondages montrent plutôt des Allemands désabusés, persuadés de vivre dans l'injustice sociale et l'accaparement des richesses. Cela permet aussi de comprendre une autre réalité qui aggrave la faillite démographique germa-nique. Elle est bien peu favorable à la propagande sur le «modèle allemand». Ce revers noir du tableau, ce sont ces jeunes Allemands tentés par le départ, comme l'a titré *Le Monde* du 12 mars 2015. Le quotidien notait: «Les Allemands, particulièrement les jeunes et les diplômés, sont plus nombreux à quitter chaque année leur pays qu'à y revenir, selon une étude. Le pays a perdu en moyenne 25 000 de ses ressortissants chaque année entre 2009 et 2013», selon une étude alle-mande. Qui a envie d'être allemand? Les Allemands eux-mêmes hésitent. Ils n'ont pas l'air d'avoir envie tant que ça d'être allemands. En tout cas pas dans ces conditions. Peut-être préféreraient-ils vivre autrement? Je veux dire juste une vie humaine avec des enfants, des vacances sans honte, des parents retraités plus jeunes et beaucoup de temps pour s'instruire? Bref, je crains bien que les jeunes Allemands ne soient des Français ou des Grecs comme les autres. Mais la «Mutti*» Merkel, comme disent ses enthousiastes, en est encore à l'ère du fouet sur la galère. Le résultat est pitoyable.

Une panne de libido très politique

Depuis 30 ans, l'Allemagne compte moins de naissances que de décès. «Un pays se meurt», titrait le quotidien *Frankfurter Allgemeine Zeitung* en 2012 en publiant l'annonce d'un nouveau recul des naissances. Les Allemands sont un des peuples qui fait le moins d'enfants dans l'Union européenne. Le taux de fécondité allemand y est un des plus bas. En 2012, il était de 1,38 enfant par femme en âge de procréer selon Eurostat. Le taux allemand de fécondité est à ce même niveau très bas depuis plus d'une décennie. Loin derrière la moyenne de l'Union européenne. La France caracole

---

* «Maman» en allemand.

en tête du classement avec 2,01 enfants par femme, comme l'Irlande. Sous un autre angle, ça donne un résultat encore plus parlant: le pays le plus peuplé d'Europe n'est pas celui où naissent le plus d'enfants. En 2013, seulement 680 000 enfants sont nés en Allemagne contre 810 000 en France. Et il y meurt davantage de monde qu'il n'en naît. Faillite de l'art de vivre à l'allemande.

Conséquence? L'Allemagne est désormais le pays de l'UE qui compte le moins de jeunes âgés de moins de 14 ans avec la Bulgarie. À peine 13,4% de la population allemande a moins de 14 ans! Ils sont 18,5% en France! Le phénomène ne doit rien à une panne de libido. Il est totalement politique. Bruno Odent* le pointe sans contestation possible: «La dégradation de statistiques démographiques épouse de façon saisissante les périodes marquées par la montée du sentiment d'insécurité sociale et de précarité. Quant à l'actuel plongeon de la natalité, il a coïncidé très exactement avec la montée en puissance

---

* Journaliste à *L'Humanité*, auteur de *Modèle allemand, une imposture! L'Europe en danger*, Le Temps des cerises, 2014.

de "l'agenda 2010" (le programme mis en œuvre par le socialiste Gerhard Schröder). »

Les trois K des femmes

Si les Allemands font peu d'enfants, c'est aussi parce qu'ils ne prévoient rien pour les accueillir. De fait, les enfants sont à charge exclusive des mères clouées au foyer. Car l'Allemagne offre très peu d'équipements publics pour accueillir les jeunes enfants. Quand le problème a été admis, les consignes à l'allemande sont venues d'en haut avec menaces d'amende à la clé pour les Länder qui ne feraient pas ce qu'il faudrait. En vain. Les Länder sont pris à la gorge par la politique «zéro déficit» et la règle d'or dorénavant inscrite dans la Constitution. Bref, en Allemagne, comme dans un pays sous-développé, la prise en charge collective des enfants dans des équipements publics est un luxe hors de prix. Dès lors, pour les femmes allemandes, la maternité est très souvent synonyme de mise entre parenthèses de leur carrière professionnelle. Bien plus fortement que dans les autres pays où la situation n'est déjà pas souvent satisfaisante. Mais la vérité ultime en Allemagne, c'est que cette façon de faire a un sens économique. Dans un pays pourtant si riche, les femmes sont vraiment une soupape de sécurité dont le travail domestique gratuit abaisse les coûts sociaux du fonctionnement de la société. L'exploitation de ce travail gratuit fait partie du «modèle allemand» autant que celle des travailleurs esclavagisés dans les pays de l'Est. C'est bien pourquoi, lors de l'annexion de l'Allemagne de l'Est, tous les dispositifs d'accueil de la petite enfance furent rayés de la carte. Ainsi que les droits des femmes à ce sujet dans leur vie professionnelle. Ajoutez à cela la forte précarité qui frappe. Là-bas comme ici, les femmes sont toujours en première ligne du précariat : caissières, femmes de ménage, etc. Et je ne dis rien de la prostitution qui est considérée là-bas comme un métier.

Tout cela s'enracine dans la culture profonde de l'Allemagne sur le sujet. Elle est aggravée par la confusion du politique et du religieux qui ne sont pas séparés dans ce pays. Ce n'est donc pas seulement une question matérielle. C'est aussi le fruit d'une vision sociale extrêmement conservatrice de la place des femmes. Il fut un temps où ce rôle était résumé par les trois «K»: *Kinder-Küche-Kirche* («les enfants – la cuisine – l'église»). C'était la vision officielle du rôle des femmes selon l'empereur Guillaume II à la fin du XIXe siècle, puis sous le régime nazi. Tout cela est loin, sans doute. Mais pas tant que ça. C'est tellement vrai qu'en allemand il existe encore un mot, insultant, pour désigner ces mères qui «abandonnent» leurs enfants pour aller travailler au lieu de rester à la maison pour s'en occuper: *Rabenmutter*, littéralement: «la mère corbeau». De quoi vous dissuader de faire des enfants de peur d'être une mauvaise mère! «Cette pression culpabilisante, note Bruno Odent, a été mesurée par une étude de l'institut fédéral de recherche sur la population réalisée en 2012. Les modes de vie des femmes conciliant activité professionnelle et enfants en bas âge, conclut-elle, sont peu tolérés (singulièrement dans l'ex-Allemagne de l'Ouest).» Comment s'étonner si ensuite les femmes intériorisent cette injonction silencieuse? Selon l'institut de sondage allemand Allensbach, seulement 22 % des femmes allemandes pensent que travail et famille s'accordent bien contre 62 % des femmes françaises !

Un projet pour les cimetières

Faute de bébés, la population globale alle-mande vieillit considérablement et la proportion de personnes âgées s'accroît de plus en plus vite. Une vraie épidémie. En 1991, l'Allemagne était à peine plus vieille que le reste de l'Europe et que la France. À présent, les Allemands sont les plus vieux d'Europe, et de loin. L'Allemagne est le pays qui compte le plus de personnes de plus de 65 ans dans toute l'Europe. Elles for-ment 20,6 % de la population totale. Plus d'une personne sur cinq, record absolu. La France compte seulement 16,7 % d'habitants de plus de 65 ans.

Pas de chance encore, les Allemands meurent plus tôt que les Français ! Décidément, quel modèle ! Il réussit même l'exploit de réduire l'espérance de vie. Comme toujours, ce sont les pauvres qui trinquent. Fin 2011, le gouvernement allemand a été obligé de le reconnaître, sous la pression des questions d'un député de Die Linke*. Oui, officiellement, l'espérance de vie des Allemands pauvres a reculé entre 2001 et 2010. Les chiffres concernent les personnes gagnant moins de 75 % du revenu moyen. Leur espérance de vie est passée de 77,5 ans en 2001 à 75,5 ans en 2010. Deux ans de vie perdus en une décennie ! Voilà le résultat du «modèle» de compression des salaires et de précarisation des chômeurs et des salariés. Et la situation est encore pire dans l'ancienne Allemagne de l'Est. Là-bas, l'espérance de vie des plus pauvres a reculé de 4 ans ! C'est ça aussi, le bilan de l'annexion de la RDA !

La France bientôt plus peuplée que l'Allemagne

«Un pays de moins en moins peuplé et de plus en plus vieux est condamné à voir son tonus s'effriter, son énergie s'étioler, sa créativité s'effilocher», diagnostique Alain Minc. Faut-il s'en plaindre dans ce cas ? Mais la démographie allemande n'est pas seulement un

---

* Parti de l'autre gauche fondé en 2007.

problème pour les Allemands. C'est une question fondamentale pour l'Europe tout entière. Car les Allemands cesseront bientôt d'être les plus nombreux. Toutes les projections le disent. D'ici à la moitié du siècle, la population allemande devrait baisser d'environ 8 millions de personnes quand la population française devrait grandir d'autant. Selon les chiffres de l'ONU, la France, l'Allemagne et le Royaume-Uni compteront autant d'habitants en 2050 : environ 73 millions chacun. Les prévisions de la Commission européenne de 2012 affirment même que la France sera plus peuplée que l'Allemagne dès 2045. C'est-à-dire dans à peine 30 ans. La génération des enfants français qui naissent ces jours-ci verra cela quand eux-mêmes deviendront parents ! À ceux qui pensent aux générations futures de s'interroger. Quel monde leur laisserons-nous, en supposant que le changement climatique et les guerres qui couvent n'aient réglé toutes les questions à la fois ? Voulons-nous de cette Europe organisée au profit des vieillards allemands ? Le futur démographique du vieux continent pèse d'ores et déjà sur le présent. La différence démographique pose dès maintenant des objectifs de politiques publiques économiques radicalement différents. Un pays avec une démographie dynamique comme la France a besoin d'activité économique, d'emploi et d'investissements publics pour accueillir ses enfants. À l'inverse, l'Allemagne vieillissante veut accumuler l'épargne et les excédents commerciaux pour organiser sa gériatrie.

Le déclin démographique coûtera cher

Mais ce n'est pas tout. Dans le monde des donneurs de leçons, il faut produire des chiffres pour argumenter. Je dirais volontiers, si je raisonnais comme l'équipe au pouvoir en Allemagne, que nous n'avons pas vocation à prendre en charge le vieillissement de la population allemande. Notre démographie est une bonne nouvelle dans l'absolu, mais avec un tel voisin nous avons intérêt à protéger nos arrières... Car si la proportion de ceux qui ne pourront pas travailler en Allemagne augmente, il y a une conséquence très désagréable pour nous. Ces gens vont dépendre de plus en plus des revenus de la finance. Cela signifie qu'ils vont continuer leur pression sur les salaires pour augmenter la part des dividendes. Ils vont évidemment continuer à gesticuler pour obtenir un euro très fort pour conserver et améliorer leur pouvoir d'achat sur les produits importés. Donc ils vont continuer à demander le contraire de ce qui est bon pour nous. Comme nous connaissons maintenant leur roublardise et leur capacité à enfumer tous leurs partenaires avant de les regarder de haut, je pense qu'il est temps de se poser des questions sur l'avenir du couple franco-allemand, sur les conditions de notre amitié éternelle et ainsi de suite. Si possible avec moins d'angélisme et de naïveté qu'à présent. Et en exploitant le nouveau rapport de forces économique que la démographie peut nous donner. Le libéral Cercle des Européens dit-il autre chose? «Parmi les grands pays, c'est en Allemagne que la situation est la plus préoccupante, avec des chiffres à l'horizon 2060 qui pourraient sérieusement entamer la compétitivité de la première puissance économique de l'UE, pourtant si souvent mise en avant en cette période de crise. Dans le prolongement des nombreuses comparaisons entre l'économie allemande et l'économie française, l'aspect démographique penchera indéniablement en faveur de la France dans les 50 prochaines années.»

La déportation des vieux Allemands ?

En attendant, le déclin démographique et le vieillissement de la population coûteront d'abord très cher à l'Allemagne elle-même. En 2010, une étude de la Banque des règlements internationaux chiffrait l'explosion des dépenses de santé due au vieillissement à 10% de la richesse produite en une année en Allemagne à l'horizon 2035 ! Une vraie bombe à retardement. Le coût de ce vieillissement est déjà là pour nombre de familles. Or le pays de la prétendue «bonne gestion» est déjà incapable d'y faire face. On estime qu'il manque 30 000 infirmiers en Allemagne. Et, faute de structures publiques, les coûts de prise en charge des personnes âgées dépendantes sont déjà hors de portée pour au moins 400 000 retraités ! Certaines familles allemandes embauchent donc à bas coût des personnes venues d'Europe de l'Est pour s'occuper de leurs anciens. Mais d'autres vont plus loin. Leur solution? Exporter les vieux dans des pays où la main-d'œuvre pour s'en occuper coûte moins cher! En 2011, plus de 7 000 Allemands vivaient dans des maisons de retraite en Hongrie, 3 000 en République tchèque et près d'un millier en Slovaquie. Sans compter ceux en Espagne, Grèce, Pologne, Ukraine et même... en Thaïlande! À ce propos, Ulrike Mascher, présidente de l'Association sociale d'Allemagne–VdK dénonçait en 2011 l'ingratitude du système allemand: «On ne peut tout simplement pas laisser ces personnes, qui ont construit l'Allemagne telle qu'elle est aujourd'hui, être déportées.» Déportées! Quel mot! Mais c'est une Allemande qui l'utilise. De toute façon cela n'a pas empêché un député du parti de madame Merkel, Willi Zylajew, de proposer de renforcer cette méthode d'accompagnement du vieillissement des personnes âgées. Pauvres Allemands : pas de bébés, leurs jeunes les quittent, leurs vieillards sont expatriés de force. Des gens qui meurent plus vite qu'ailleurs. Et tout le monde qui les déteste. Bonjour, le modèle!

Pillage des cerveaux

Se débarrasser des vieux et piller la jeunesse des autres. C'est la politique démographique de l'Allemagne! Elle a jusqu'ici évité le déclin démographique uniquement grâce à l'immigration. En 2014, l'Allemagne a compté 212 000 naissances de moins que de décès. Elle a par contre accueilli 470 000 immigrants de plus que de personnes ayant quitté son territoire. Pour autant, ce solde migratoire excédentaire ne doit pas faire illusion. Il est très fluctuant dans l'histoire récente de l'Allemagne. Il était encore négatif en 2008 et 2009.

Faut-il y voir la preuve d'une attractivité retrouvée? Évidemment non. C'est une rente de situation. Les dividendes du désastre que madame Merkel inflige au reste de l'Europe. Car là encore, si l'Allemagne résiste, c'est au détriment de ses voisins. Tous les malheurs des autres lui profitent. D'abord la crise prolongée qui frappe l'Europe du Sud. Ensuite l'absence de stratégie européenne de développement pour l'Europe de l'Est. Et ainsi de suite. Tout cela forme une formidable machine à expulser les jeunes de chez eux. L'exil est pour des dizaines de milliers de jeunes gens un destin contraint. Les trois quarts des immigrés arrivant en Allemagne viennent ainsi de l'Union européenne. Ils viennent très majoritairement de Pologne, Roumanie, Bulgarie. Mais plus récemment encore, l'Allemagne est devenue une destination de choix pour les jeunes Grecs, Espagnols, Portugais. Tous fuient la politique d'austérité infligée à leur pays. Tous sont des victimes de la politique allemande. La punition finale : être obligé de vivre en Allemagne au moment même où un nombre considérable de jeunes Allemands ne veulent plus le faire...

Les dirigeants allemands se frottent les mains. Comme d'habitude ils ne sont pas très délicats. L'une des très proches de madame Merkel a tout avoué avec un cynisme implacable. C'était en mai 2013. Ursula von der Leyen était alors ministre du Travail. Elle s'est publiquement réjouie du mauvais tour que l'Allemagne joue à ses voisins. Elle a ainsi clamé que l'immigration du sud de l'Europe était «une chance énorme» pour l'Allemagne, car «cette nouvelle vague d'immigrés est plus jeune et mieux formée». Le démographe Emmanuel Todd dit la même chose à propos de la crise ukrainienne : «45 millions d'habitants à peu près, c'est un vivier de population active bien formée par la tradition soviétique. On se dirige vers le partage de ce vivier entre la Russie et l'Allemagne. Or ces ressources de main-d'œuvre, c'est vingt ans de vie pour l'Allemagne.» Précisons ceci : le salaire minimum en Ukraine est de 200 euros. 30% moins cher qu'en Chine! Inutile d'en dire davantage sur les causes profondes de l'ardeur de l'Allemagne à faire entrer l'Ukraine et d'autres dans l'Union européenne. Tous feront de magnifiques «travailleurs détachés». Ils pourront bénéficier des douceurs de l'esclavage chez leurs nouveaux maîtres au tarif de leurs riantes contrées d'origine dévastées par la politique allemande. Le monde qui vient fait rêver. Mais c'est un cauchemar.

3

Un modèle de maltraitance sociale

Oserez-vous dire aux pauvres qu'ils ont bien de la chance? Non, bien sûr. Mais pourtant si, vous osez! C'est ce que vous faites chaque fois que vous entrez dans le chœur des louanges à la prétendue réussite de l'Allemagne. Les compliments adressés au modèle allemand sont autant de flèches de cruelle indifférence tirées sur des millions d'Allemands. Car l'Allemagne est aujourd'hui d'abord un océan de pauvreté. Près de 16% de la population allemande vit sous le seuil de pauvreté. Il s'agit de 13 millions de personnes. Ce gouffre qui aspire des pans croissants de la société. Y compris les pauvres eux-mêmes. Car dans la riche Allemagne, les pauvres s'appauvrissent eux aussi. En 2012, on ne leur laissait plus que 1% de la richesse du pays. Pourtant ils ne partaient pas de bien haut.

Ils n'en possédaient déjà que 3% en 2003. Évidemment dans le même temps les mieux nantis ont été protégés et même choyés. Ils ont vu leurs impôts baisser avec amour. Ouf! En 1998, les impôts prélevaient jusqu'à 47% des revenus des plus à l'aise. À la fin du gouvernement Schröder en 2005, ce taux avait été ramené à 29%. Quant à l'impôt sur les sociétés, il a été réduit de 40% à 25% depuis 2011! Autant qui peuvent aller en dividendes pour les actionnaires. Ceux-là même dont les impôts ont baissé! Plus belle la vie!

La paie au rabais

Dans cette ambiance, quoi qu'en dise la légende, il ne suffit pas de travailler dur pour s'en sortir. 20% des salariés sont des travailleurs pauvres. 7 millions de salariés gagnent moins de 450 euros par mois. Ceux-là occupent ce qui est appelé là-bas les «mini-jobs». Car la précarité des salariés a explosé. Les réformes du socialiste Schröder ont facilité comme jamais le temps partiel et les petits boulots! Désormais on compte deux fois plus d'emplois précaires, de CDD, de contrats d'intérim en Allemagne qu'en France. Là-bas, 25% des salariés ont un contrat de ce type. Un sur quatre! En France c'est 13%. Un sur huit. En une décennie, le nombre d'intérimaires a doublé outre-Rhin! Et le nombre de CDD a augmenté de plus de 20%. L'Allemagne, meilleure en tout, est donc aussi l'un des champions remarquables des bas salaires. Sur les 10 dernières années, le salaire moyen a baissé de 4,2%. Que la moyenne ne trompe pas, c'est bien 80% des salariés qui ont reculé! Une fois déduite l'inflation, l'Allemand moyen a gagné moins en 2013 qu'en 1999! La finance allemande peut se vanter du plus grand tabassage de classe réalisé dans l'ancienne Europe de l'Ouest. La part de la richesse produite répartie en salaires a fondu un bon coup. Neuf points de moins en 10 ans! Autant qu'en France en 30 ans! La part des salaires est passée de 76% du PIB allemand en 2000 à 67% en 2007. C'est l'OCDE qui le dit. À part ça, la lutte de classe pour l'appropriation des richesses, ça n'existe pas! Mais la déroute politique des salariés saute aux yeux. Évidemment on n'en est pas encore au partage léonin de maints ex-«pays de l'Est» où la répartition se fait à

50/50, niveau que même les dictatures d'Amérique latine furent incapables d'atteindre. Cette violence a eu lieu pendant que la tendance dans le reste de la zone allait d'un autre pas, certes féroce, mais moins caricatural. Entre 2003 et 2012, le prix du travail a augmenté de 20% en moyenne dans l'ensemble de la zone euro. Personne ne se souvient que ça ait été la fête! Votre propre souvenir vous permet donc d'imaginer ce qu'ont enduré les salariés allemands. Car pour eux l'augmentation n'a été que de 7% en 10 ans. Aujourd'hui, au nom de la «compétitivité», l'Union européenne exige de tous les pays qu'ils s'alignent. Partout elle impose les méthodes qui ont permis ce résultat en Allemagne. Et pourquoi pas l'inverse? Si le modèle allemand est si florissant, il doit pouvoir augmenter les salaires comme le demandent les syndicats allemands, non? Non. Les gens qui décident ne croient pas à leur propagande, tout de même. Eux savent que le modèle, c'est précisément ce détroussage éhonté des uns par les autres. Et c'est de toujours creuser l'écart pour maintenir le caractère déloyal de la compétition. Ce fut encore le cas lorsque, sous la pression des syndicats et du parti de gauche Die Linke, le gouvernement Merkel s'est résolu à imposer un salaire minimum par la loi. Commençons par noter qu'il n'existait pas de SMIC dans ce paradis social! Il est entré en vigueur le 1er janvier 2015. Mais même rendue à ce point-là, l'Allemagne affiche son agressivité: le SMIC allemand est inférieur au SMIC français! De toute façon, la plupart des branches tentent toutes les ruses pour contourner le dispositif légal. Ainsi est bien démontré ce que valent les légendes sur la concertation sociale exemplaire et la loyauté rigide et légaliste qui est la vertu paraît-il de «l'Allemand» dans la légende des germanolâtres français.

Les salariés abandonnés

Pourquoi se gêner? L'ancien système social allemand, celui construit du temps où la peur du «camp socialiste» aidait à réfléchir, n'existe plus. Il a été démantelé par ceux-là même qui l'avaient inventé au cours du xxe siècle: les sociaux-démocrates. Dans le système social-démocrate, les salariés ne bénéficient de protections collectives découlant d'un accord entre syndicat et patronat qu'à la condition d'être adhérents du syndicat et que leur patron soit également membre du syndicat patronal. Pas de carte du syndicat, pas d'avantages sociaux. Ce «détail» est rarement rappelé en France quand on dénonce la faiblesse de la syndicalisation dans notre pays. À son apogée, ce système couvrait la quasi-totalité des salariés. La France faisait déjà mieux. Le système du régime républicain français voit la loi étendre le bénéfice des conventions collectives de branche à tous les salariés, syndiqués ou non, dans toutes les entreprises. Mais le capitalisme a changé en Allemagne. Désormais, les «investisseurs» vont et viennent dans le monde, à l'affût du profit de court terme. Le patronat n'a donc plus intérêt à se lier par des accords collectifs durables. Guillaume Duval* indique que seulement 62 % des salariés allemands étaient encore protégés par ce système en 2009. Et Bruno Odent constate qu'ils ne sont plus que 50 % en 2013. Encore un effort, et ce sera le retour à la jungle sociale du bon vieux temps.

---

* Rédacteur en chef d'*Alternatives économiques* et auteur de *Made in Germany, le modèle allemand au-delà des mythes*, Seuil, 2013.

Le chômage effacé... à la gomme

Les premières victimes de ce système sont les chômeurs allemands. Officiellement, ils n'existent pas ! Ou presque. 6,5 % de chômeurs ! Voilà quelle serait l'une des merveilles allemandes. Déjà commençons par nous souvenir qu'il est plus facile d'afficher un chômage bas dans un pays où la population active diminue du fait du vieillissement d'un côté et du faible nombre des jeunes qui arrivent en âge de devoir gagner leur vie. Mais la vérité à propos de ces chiffres est accablante. Dans les années 2000, le gouvernement allemand a rayé des comptes près de 1,5 million de chômeurs. C'est exactement l'équivalent de la baisse du chômage affichée sur la période ! On peut se moquer des tricheries de l'État grec ! Ce n'est pas tout ! Le quotidien allemand *Die Welt* parle aussi de chiffres « truqués » pour les chômeurs de plus de 58 ans. Moins d'un sur deux était ainsi compté dans les statistiques officielles en 2011 ! Le gouvernement a dû finir par avouer. Quant à ceux qui sont inscrits au chômage, autant dire qu'ils sont assis sur un oursin. Car la réforme Hartz IV de l'indemnisation chômage oblige les chômeurs à accepter n'importe quel emploi qui leur est proposé au bout d'un an. Sinon : couic, plus d'indemnités ! Les négriers font la queue pour proposer des emplois taillés sur mesure pour cette main-d'œuvre forcée. Ils offrent généreusement des « mini-jobs » payés 450 euros par mois. Mais on peut encore faire pire. Menacés de tout perdre, les chômeurs ont aussi la possibilité de se voir imposer un travail d'utilité générale bla-bla-bla pour un euro de l'heure. Une invention des sociaux-démocrates allemands. Écœurant ! Du coup, pour avoir une évaluation sérieuse du chômage, il faudrait ajouter les 5 millions de très grands précaires contraints à ce type d'« emplois » aux 3 millions de chômeurs officiels !

La grande régression

Comment a-t-on pu en arriver là ? Ça, dans l'Allemagne des tout-puissants syndicats dont on nous rebattait les oreilles à propos de leur sens des responsabilités, de leur capacité de signer des accords «gagnant-gagnant» et *tutti quanti*? Pourquoi ce monde-là s'est-il écroulé? Parce que le monde d'en face est d'abord tombé. L'annexion de la RDA par l'Allemagne de l'Ouest a été «le laboratoire des contre-réformes sociales», comme l'écrit Bruno Odent. Le chômage et l'absence de mouvement syndical ont été une aubaine pour les capitalistes ouest-allemands. L'occasion était trop belle de faire sauter les conventions collectives et notamment les salaires minimums de branche. À l'époque, c'était là le seul plancher en l'absence de SMIC fixé par la loi comme en France. Les possibilités offertes à l'Est ont donc servi deux fois. D'une part pour obtenir du travail qualifié à bas prix. D'autre part pour exporter le nouveau modèle à l'ouest sous la menace de la délocalisation... à l'intérieur du même pays. En tout cas les salariés sont régalés dans le paradis capitaliste tant rêvé! Ils vont être payés jusqu'à 40% de moins que leurs collègues de l'Ouest. Une fois commencé, le chantage à l'emploi frappe sans relâche. Vingt-cinq ans après, le niveau des salaires à l'est n'est toujours pas celui de l'Ouest. Reste de tout cela un rêve formidable pour tous ceux qui ont assisté à ce miracle qu'aura été le désarmement sans combat de la plus puissante et mieux organisée des classes ouvrières du monde capitaliste! Et tout ça à partir de l'annexion d'un ancien pays communiste! L'angle d'attaque va vite se généraliser. Remplacer les accords de branche qui protègent tous les salariés par des «contrats» entreprise par entreprise, en commençant par là où le rapport de forces est plus défavorable aux salariés. Ce poison, testé sur l'ex-RDA, se répand partout. C'est le chancelier Kohl qui va étendre en 1993 le système de l'accord maison à l'ouest. Il est à l'ordre du jour en France où le MEDEF pousse en ce sens depuis des années. Nicolas Sarkozy, puis François Hollande avec l'accord national interprofessionnel de 2013, ont engagé la France dans cette direction. Emmanuel Macron, ministre de l'Économie en France, ne cache pas sa volonté d'élargir encore la possibilité pour les patrons de déroger à la loi et aux accords de branche et de faire leur chantage à l'emploi, entreprise par entreprise, voire salarié par salarié. L'annexion commencée en 1991 se poursuit. Encore un effort, et nous serons tous des Allemands de l'Est pataugeant dans le bonheur du «modèle qui marche».

4

La baudruche allemande

De toutes les absurdités que débitent les admirateurs béats de l'Allemagne, la plus stupide est de parler à son sujet de « modèle ». Un modèle est censé pouvoir être partagé. Or précisément le cas allemand est typiquement ce que les économistes appellent un système « non coopératif ». Il ne peut fonctionner que sur le dos des autres. Et surtout, uniquement tant qu'il n'est pas généralisé. L'Allemagne agit en Europe avec un égoïsme de principe. Un égoïsme méthodologique, oserais-je dire. L'économiste libéral allemand Olaf Gersemann*. le reconnaît: « L'euro, sous-évalué au regard de la force de l'économie allemande, nous a énormément favorisés. Dans les pays

---

* Rédacteur en chef des pages économiques de *Die Welt.*

méditerranéens, les coûts de production ont beaucoup augmenté. Or la monnaie unique les a empêchés d'utiliser l'arme classique de la dévaluation pour regagner de la compétitivité. Le résultat a été doublement bénéfique pour l'Allemagne. D'une part, la demande a progressé dans ces pays, ce dont les exportations allemandes ont profité [...]. D'autre part, les entreprises grecques, italiennes, espagnoles, françaises ont perdu de leur force de frappe par rapport aux firmes allemandes sur le marché mondial*. » Vouloir imiter la façon de faire allemande, c'est donc se frapper soi-même. L'étendre à tous, c'est étendre les ravages du poison allemand. C'est pourtant ce qui s'est fait. La généralisation de l'austérité salariale et de l'austérité budgétaire à toute la zone euro a d'ailleurs conduit l'Europe dans la récession puis au bord de la déflation. Le tout avec un niveau historique officiel de 25 millions de chômeurs dans l'Union européenne. L'asphyxie est générale. L'Allemagne elle-même n'est pas épargnée. Son activité est elle aussi victime de l'atonie générale. Mais elle ne lâche pas prise.

---

* Interview parue dans *Books*, n° 60, décembre 2014.

Pour satisfaire ses ambitions sur le marché mondial, il faut que toute l'Europe s'installe dans le rôle subalterne qu'elle a déjà fait subir à l'Allemagne de l'Est. Le gouvernement allemand refuse donc toujours catégoriquement toute solidarité européenne. Il ne veut entendre parler ni d'harmonisation fiscale et sociale ni de fonds européen d'investissement pour recycler une partie de ses excédents financiers.

La «bulle» allemande

Pourtant l'économie allemande est une baudruche. Ce n'est pas moi qui le dis mais deux Allemands dans leur livre. Le premier, Marcel Fratzscher, parle d'une «illusion». Le second, Olaf Gersemann, d'une «bulle». Leurs chiffres rappellent d'abord combien il faut se désintoxiquer de la propagande. Non, l'Allemagne n'est pas une ruche bourdonnante d'activité productive. La croissance y est faible. Et parfois nulle ou moins encore que nulle. Entre 2000 et 2013, la croissance moyenne en Allemagne a été de seulement 1,1 % par an. C'est-à-dire moins qu'en France! Quand certains trouvent des chiffres et des séquences d'activité sur lesquels s'extasier, ils perdent de vue le tableau d'ensemble. En Allemagne, l'activité est en accordéon. Tout est très volatil. D'une année sur l'autre, voire d'un trimestre sur l'autre, les variations sont spectaculaires. Et l'Allemagne est fragile. Tout le monde a ainsi oublié que son économie a été nettement plus frappée que celle de ses voisins par la récession lors du déclenchement de la crise en 2009. On peut comparer avantageusement avec la France. La baisse de l'activité en Allemagne a été de 4,7 %. Elle a été de 2,5 % en France. Et quand les « commentateurs » ne cessent de se réjouir, toujours trop vite, de la « reprise allemande », on a le droit de sourire. L'accordéon respire à plein soufflet ! Je ne vois que des à-coups et des rechutes. Après 3,6 % en 2010 et 2,7 % en 2011, l'économie allemande a ainsi stagné en 2012 et 2013. Et en 2014, le chiffre annuel de 1,5 % masque une quasi-récession : −0,3 % au deuxième trimestre et à peine 0,1 % au troisième. Ceux que ça intéresse pourront prolonger la série de ces chiffres dans les années qui suivent. Je prends les paris : non seulement l'accordéon va continuer, mais il va s'essouffler plus vite qu'ailleurs.

C'est la conséquence de la structure économique allemande. Elle est très peu diversifiée. Elle repose essentiellement sur deux piliers : les machines-outils et l'industrie automobile, toutes deux organisées d'abord pour l'export. Que l'une des deux éternue, et l'Allemagne s'enrhume. C'est ce qui s'est produit en 2009. Depuis, l'Allemagne toussote, à la merci des aléas de la croissance chinoise, des « primes à la casse » instaurées chez ses voisins pour soutenir l'industrie automobile, des sanctions absurdes prises contre la Russie...

Olaf Gersemann critique ainsi une « économie beaucoup trop dépendante de l'automobile. La part de celle-ci dans la production industrielle est passée, entre 1991 et 2011, de 12 à 19 % ». L'Allemagne est surtout un gros magasin d'automobiles. Ça fait rêver, non ? « En 2013, plus de la moitié des excédents commerciaux du pays, 110 milliards d'euros sur 208, venaient de ce secteur. Et attention, en plus, tout est concentré chez trois grands constructeurs seulement. BMW, Daimler-Mercedes et Volkswagen. Ceux-là ont engrangé en 2013 un

quart des bénéfices des trente premières entreprises allemandes. L'économie d'un grand pays
comme le nôtre devrait être plus diversifiée,
s'ouvrir davantage à des secteurs plus promet-
teurs comme les technologies de l'information
et de la communication.» Il n'y a plus qu'à...
Bon courage à ceux qui voudraient s'y essayer.
Ceux qui se plaignent de la complexité des
procédures françaises pour créer une entreprise n'ont jamais vu de près le système
allemand. Il est plus facile de monter une
entreprise au Sénégal ou en Russie qu'en
Allemagne, selon le rapport «Doing business»
de la Banque mondiale!

Une économie sans futur

L'économie allemande ne prépare donc pas
l'avenir. Je suppose que c'est une découverte
aussi pour mes lecteurs sévèrement trompés
par le chorus de louanges qu'ils entendent
débiter dans leurs médias. En fait l'Allemagne
investit peu. Pour ne pas être accusé de noircir
le tableau, je préfère citer l'Allemand Marcel

Fratzscher* : «Depuis 2011, la valeur du stock de capital de l'industrie allemande diminue.» Son compatriote Olaf Gersemann dit la même chose : «L'Allemagne souffre clairement d'un manque d'investissements. C'est cela – qu'il s'agisse d'acheter de nouvelles machines ou de financer des formations professionnelles – qui assure une croissance durable. Nos infrastructures sont dans un état lamentable. [...] plus de 10 000 ponts auraient besoin d'être remplacés dans le pays. À peu près les deux tiers du réseau de chemin de fer remontent au Reich wilhelmien ou à la République de Weimar [avant 1933]. La moitié des écluses ont plus de quatre-vingts ans.» Et encore : «Les infrastructures de transport ne sont que l'exemple le plus spectaculaire : 51% des communes allemandes déclarent souffrir d'un "retard d'investissement" dans les écoles et la formation des adultes. Si l'on ajoute à cela les équipements sportifs, les bâtiments administratifs ou encore le traitement des déchets, le déficit total d'investissement peut être estimé à

---

* Économiste allemand auteur de *Die Deutschland-Illusion*, Hanser, 2014.

118 milliards d'euros pour 2013. L'État allemand vit de sa substance. Pire, il se désagrège!» C'est un Allemand lucide qui le dit. Voilà le merveilleux bilan de la politique d'austérité permanente, de la «règle d'or» pour interdire les déficits et les autres mantras du prétendu «sérieux» Allemand, cette idéalisation de sa névrose d'avare irresponsable! En 2011, les investissements publics allemands représentaient seulement 1,6% de la richesse du pays. Nettement moins que la moyenne européenne de 2,5%. Conséquence? Le délabrement général. Les exemples abondent. En 2013, le canal de Kiel a dû être fermé 2 semaines à cause d'une panne d'écluses. Le journal allemand *Hamburger Abendblatt* critique aussi vertement les détours de «600 à 900 kilomètres» imposés aux poids lourds pour accéder au port de Hambourg à cause de l'état des ponts et des routes. Face à un tel désastre, le plan d'investissement de 15 milliards d'euros sur 3 ans annoncé début 2015 par le gouvernement allemand est une mauvaise plaisanterie. Mais pendant ce temps, cette recette allemande indigeste s'applique partout. Et l'Allemagne est parmi les plus virulents pour renforcer encore

les coupes budgétaires en France. Avec les mêmes conséquences ici : un réseau ferroviaire en état critique, une transition écologique au point mort...

Un équilibre absurde

Que dire alors de cette campagne de glorification absurde à propos du premier budget allemand en excédent depuis 1969 ? Quelle fumisterie ! Cet équilibre est une pure sottise. En effet, l'État allemand emprunte actuellement à des taux inférieurs à ceux de l'inflation. Cela revient à dire que les investisseurs paient pour lui prêter de l'argent ! En quoi est-ce de la « bonne gestion » de ne pas s'endetter quand cela ne coûte plus rien ? Et surtout quand les infrastructures du pays sont dans un tel état ? En l'occurrence, le « sérieux budgétaire » allemand n'est qu'un dogmatisme débile. C'est surtout un signe d'indifférence morbide pour le futur.

Il n'y a pas que dans les infrastructures que l'Allemagne investit peu. J'en observe un symptôme encore plus grave. L'investissement dans l'éducation. C'est ce qu'écrit Philippe Legrain, économiste britannique et conseiller de l'ancien président de la Commission européenne José Manuel Barroso. Son diagnostic est sévère: «De manière plus grave encore, l'Allemagne s'est laissé distancer sur le plan de la qualification de sa main-d'œuvre. Elle ne consacre que 5,7 % de son PIB à l'éducation et à la formation, moins que la France [...]. Et si de nombreux étrangers admirent son système d'apprentissage, il attire de moins en moins les jeunes Allemands: le nombre de nouveaux apprentis est tombé à son niveau le plus bas depuis la réunification en 1990 et de nombreuses places sont désormais laissées vacantes.» Normal. L'apprentissage était le point d'entrée pour une progression à l'ancienneté dans l'ancien système productif allemand. Un monde stable où l'on passait sa vie dans la même entreprise, sur des machines qui ne changeaient qu'une fois tous les 10 ans. Tout ça est fini. L'afflux des CDD et des multi-employés a tué le système qui donnait la prime au «bon ouvrier maison». De plus, les machines ont un cycle de vie de plus en plus court et les savoirs répétitifs du passé ne sont plus à la hauteur.

Il faut donc des connaissances générales de plus haut niveau. Or, justement, les Allemands sont très en retard sur l'enseignement supérieur. Seulement 29 % des jeunes Allemands ont une licence. C'est nettement moins que les 34 % des jeunes Grecs. Et encore moins que les 40 % des jeunes Français ! En outre, dans le classement de Shanghai, la première université allemande arrive 49ᵉ quand la première française est 35ᵉ. Je le dis pour clouer le bec à ceux que ce classement excite d'habitude pour dénigrer la France. Mais je reconnais ma mauvaise foi sur ce point : ce classement est une pantalonnade sans contenu sérieux !

Les Allemands sont-ils des fainéants de Grecs ?

Donc les Allemands étudient moins que les membres de ce « Club Med » sur lequel les dirigeants ironisent pourtant. Un très mauvais point. Car ce n'est pas le seul domaine où l'Allemagne réelle ne ressemble pas à son image dans la propagande. Passons à plus cruel pour l'image des gros bosseurs qui déplorent l'indolence des autres. L'Allemagne n'est absolument pas le pays où l'on travaille le plus. La durée du travail moyenne des salariés y est de 1387 heures par an. C'est le niveau le plus bas de toute l'Europe avec les Pays-Bas. En France, les salariés travaillent en moyenne 1478 heures par an, près de 100 heures de plus. Olaf Gersemann est particulièrement dur envers ses compatriotes sur ce point : « la Pologne atteint même une moyenne de 1929 heures. Cela signifie qu'un Polonais travaille en moyenne 5 heures 17 par jour de l'année quand un Allemand ne travaille que 3 heures 53. » Qu'un Polonais travaille davantage qu'eux doit donner des boutons à bien des bougons teutons. Le temps de travail par semaine donne le même classement. Avec 35,3 heures de travail par semaine, les salariés Allemands travaillent moins que la moyenne européenne de 37,2 heures. Et surtout notamment moins que les Français et leurs 37,5 heures. Ceux qui travaillent le plus sont les Grecs : 42 heures par semaine ! Voilà qui ne correspond pas à l'imagerie injurieuse que débitent les énergumènes dans le style de monsieur Schäuble et ses larbins dans les médias. Ce n'est pas la première fois qu'on notera l'écart entre la propagande et les faits. Ainsi, quand les libéraux français critiquent les 35 heures, ils oublient de dire qu'elles s'appliquent aussi en Allemagne dans les branches de la métallurgie, l'automobile et l'électronique qui sont pourtant les prétendus fleurons de l'industrie allemande! De même, les connaisseurs de l'Allemagne savent que les salariés des grandes entreprises allemandes ne sont pas invités à rester tard le soir au travail et encore moins à travailler le week-end. Ces malheureux étant moins instruits, et travaillant moins, l'Allemagne ne réalise pas non plus de performance particulièrement remarquable. La productivité du travail n'est pas ce qu'en disent les germano-lâtres qui aimeraient tant faire davantage suer le burnous français. Une fois de plus, les Français si décriés et méprisés font un peu mieux que les Allemands. Il y a plus humiliant pour un Allemand donneur de leçons : la progression de la productivité des Allemands ces 10 dernières années a été inférieure à celle des Portugais!

Club Med et parc de loisirs

Pourquoi citer les Portugais? Pour leur rendre justice. Car ils font partie des têtes à claques habituelles que l'on méprise dans les discours de droite en Allemagne. En effet, pour ceux qui suivent madame Merkel, les gens du Sud ne sont qu'une bande de fainéants folkloriques dont il est de bon ton de fustiger l'indolence. L'Espagne, le Portugal, l'Italie ou la France ne sont pas des «partenaires». C'est le «Club Med», un repaire de fainéants qui se la couleraient douce. Et, bien sûr, leur indolence serait facturée aux vaillants travailleurs allemands. La vérité est exactement l'inverse, je vais le montrer bientôt. Pourtant madame Merkel alimente sans complexe cette mentalité aux limites du racisme. Hélas, mes lecteurs n'ont jamais pu lire dans la presse de révérence nationale quoi que ce soit qui leur permette de deviner le niveau de grossièreté de nos amis très chers quand ils se lâchent. En revanche, seule «l'arrogance française» est fustigée chez les médiacrâtes de notre pays.

Je me fais donc un devoir de donner un exemple du niveau de ce que leur enseigne avec délicatesse madame Angela Merkel dans la chaleur des congrès de la réaction allemande. Un exemple parmi bien d'autres. Dans une réunion de son parti en Rhénanie-du-Nord-Westphalie, le 18 mai 2011, elle a ainsi osé déclarer : « Nous ne pouvons pas avoir une monnaie commune et certains avoir plein de vacances et d'autres très peu, à la longue cela ne va pas. Il faudrait que dans des pays comme la Grèce, l'Espagne, le Portugal, on ne parte pas à la retraite plus tôt qu'en Allemagne, que tous fassent un peu les mêmes efforts. » Le maître faisant la grosse voix, les caniches ont d'abord gémi en se réfugiant sous la table et en se tortillant de culpabilité. Puis, ils ont fait feu de toute leur plume pour dénoncer comme de bons fayots l'Europe du Sud. Comment oublier les diatribes méprisantes de ces chroniqueurs, éditorialistes et autres hautes autorités morales de notre pays ? Ils vitupéraient en boucle contre les fonctionnaires grecs : « Vous vous rendez compte ! Ils occupent un emploi de taxi dans Athènes dès quatre heures de l'après-midi. » N'essayons pas de leur demander de réfléchir !

Pourquoi ces gens doivent-ils faire deux jobs au lieu de se la couler douce comme le voudraient les refrains de la diffamation germanique? Peut-être un problème de salaire insuffisant? Une bonne punition serait d'obliger les donneurs de leçons à aller faire le chauffeur de taxi sous le soleil de feu d'Athènes, à quatre heures de l'après-midi.

Mais, bien sûr, les accusations de la mère Fouettarde ne sont pas seulement pleines de morgue et de mauvaise foi. Elles sont surtout totalement fausses. Au niveau de responsabilité qui est le sien, elle ne pouvait l'ignorer. Elle mentait donc sciemment. Juste pour exciter les pires instincts xénophobes de ceux de ses compatriotes éructants qui peuplent les congrès chrétiens-démocrates allemands. Et peut-être voulait-elle seulement faire diversion en comptant sur le panurgisme médiatique pour répéter ses mensonges et leur donner cet air de vérité que prend toute répétition dans les médias? Car si certains se la coulent douce, ce ne sont pas ceux qu'on croit. Les Allemands sont, avec les Danois, ceux qui bénéficient du plus de jours de congés en Europe. Trente jours par an selon l'Observatoire des relations industrielles en Europe. Trente jours à ne rien faire à part consommer, chère madame Merkel! L'Allemagne serait-elle devenue un «parc de loisirs» pour ses pauvres?

Au boulot! Il est temps de faire un peu d'efforts pour se comporter aussi bien qu'un Italien. Lui se contente de vingt-huit jours de congés. Un Français de vingt-cinq jours. Il est surtout temps d'être à la hauteur d'un Grec. Oui, d'un Grec! La honte, madame Merkel: un Grec se contente de vingt-trois jours! Juste un jour de plus que les Espagnols et les Portugais qui eux aussi travaillent plus que les Allemands! Telle est la cruelle vérité, Frau Merkel, les fainéants du Sud ont une semaine de vacances de moins que les soi-disant gros bosseurs allemands! Naturellement ces chiffres doivent être considérés dans leur contexte. Car grâce à la politique de madame Merkel, une bonne partie des Allemands ne travaillent plus du tout ou très peu, sont payés au lance-pierres et ne peuvent prendre aucunes vacances. Quant à la retraite, ce point fixe de l'horizon allemand, il est temps de s'inquiéter aussi, Angela! Au-delà des mots et des réformes à échéance lointaine, l'âge du départ effectif ne montre pas ce que vous prétendez. Au contraire, selon les critères des psychorigides d'outre-Rhin, nous devons déplorer un grand laisser-aller en Allemagne. En effet, un Allemand part à la retraite en moyenne à 61,7 ans. Hum! Hum! Ça en fait presque un Grec ça, madame! Car le Grec quitte la laisse à 61,4 ans. Buvez votre chope jusqu'à la lie, chère madame! Vous avez le bonjour des Espagnols et des Portugais qui partent à 62,6 ans! Ces chiffres ridiculisent la posture de la donneuse de leçons. Mais ils n'enlèvent pas l'essentiel. Quel autre chef de gouvernement se permettrait de parler de ses voisins dans ces termes? Et comment une chancelière de ce pays-là a-t-elle pu finir par se dire que tout lui est permis à ce point?

La finance et les lourdauds

Mais heureusement les travailleurs sous-payés de l'Est ne rechignent pas à la tâche pour leurs nouveaux maîtres. Ils alimentent bien, et à peu de frais, les usines d'assemblage alle-mandes. Le «made in Germany» tourne bien. Des excédents financiers colossaux sont ainsi accumulés. Or l'économie fonctionne sur le mode d'une vaste tuyauterie. Les excédents doivent être sans cesse réinjectés. Ceux des Allemands comme les autres. Et d'ailleurs, ils le sont. Mais sans contrôle ni pilotage politique au service du bien-être de tous comme ils pourraient l'être. Les Allemands préfèrent faire autre chose de leur magot. Quelque chose d'encore plus égoïste et de profondément déstabilisant pour l'économie européenne et mondiale que tout ce qu'ils font déjà. C'est ce que démontre le nouveau ministre grec des Finances Yanis Varoufakis dans son livre *Le Minotaure planétaire : l'ogre américain, la désunion européenne et le chaos mondial.* Désormais, les banques allemandes participent activement à la grande bulle financière mondiale. Et comme l'Allemagne réalise de grands excédents, elle a une lourde responsabilité dans le désordre financier mondial. Pour autant, ça ne fait pas des Allemands des Mozart de la finance. Ils sont même globalement plutôt mauvais. C'est donc un pur gaspillage cruel que ce circuit économique pressurisant qui s'achève dans une passoire financière. L'économiste anglais Philippe Legrain nous apprend ainsi que les financiers allemands ne sont pas les bons gestionnaires qu'on nous présente si souvent. Pour lui, les excédents allemands ont été transformés en «prêts aux étrangers souvent mal investis. Pendant les années de bulle financière, aussi bien ses colossales banques privées comme la Deutsche Bank et la Commerzbank que les banques publiques des Länder ont placé de l'argent dans les douteux crédits hypothécaires américains, financés les bulles immobilières espagnole et irlandaise, alimenté le boom de la consommation au Portugal et prêté imprudemment à l'État grec, devenu insolvable». Au point que, «contrairement au mythe selon lequel les contribuables allemands auraient, depuis, renfloué l'Europe du Sud, leurs prêts aux États de l'Europe du Sud ont avant tout renfloué les banques et les investisseurs allemands qui avaient si mal investi avant la crise». Il s'appuie notamment sur «une étude de l'Institut de recherche économique de Berlin [qui] estime que l'Allemagne aurait perdu 600 milliards d'euros, l'équivalent de 22% de son PIB, sur la valorisation de son portefeuille investi à l'extérieur entre 2006 et 2012. À présent que l'Allemagne redoute les pertes sur ses prêts aux étrangers, il est particulièrement pervers de continuer à accumuler des excédents, obligatoirement investis à l'extérieur. Quand il sera clair que les débiteurs ne peuvent ou ne veulent pas payer – ce que le refus allemand de contribuer à la croissance européenne rend plus probable –, son énorme exposition au risque étranger la conduira à de lourdes pertes* ».

On comprend mieux dès lors pourquoi les banques allemandes ont été si frappées au moment de la crise des subprimes. Après les banques et assurances états-uniennes et du Royaume-Uni, les banques allemandes sont celles qui ont été le plus touchées. Elles ont subi près de 10 % du total mondial des pertes et dépréciations d'actifs enregistrées par les banques entre juillet 2007 et juillet 2009 selon le FMI. À elles seules, celles-ci représentent environ 40 % des pertes de la zone euro. Le gouvernement allemand a même dû nationaliser en urgence la banque spécialisée dans l'immobilier Hypo Real Estate, en faillite. Et ce n'est pas fini. En mars 2015, le régulateur bancaire

* Article dans *Books*, n° 60, décembre 2014.

états-unien a purement et simplement interdit à la Deutsche Bank de distribuer des dividendes à cause de «carences nombreuses et significatives» dans l'identification des risques, les contrôles internes et la capacité à faire face à des pertes. C'est un jugement très sévère sur l'inefficience allemande.

L'état du système bancaire allemand dirigé par de tels maladroits est le secret du beau monde. L'essayiste libéral Alain Minc lui-même y voit la raison profonde de la guerre menée par le gouvernement allemand pour que le contrôle des banques européennes par la Banque centrale européenne soit limité aux plus grandes banques. Pourquoi seulement les grandes? Parce que les petites banques allemandes ne sont pas dans un meilleur état. Selon lui, «d'aucuns prétendront que l'Allemagne traîne les pieds pour la mise en place de l'union bancaire. C'est vrai et la raison en est si inavouable qu'elle ne peut le reconnaître. Chacun sait à Berlin que le secteur n'échappera pas à une restructuration drastique, mais la classe politique n'a aucune envie de voir l'opération vérité menée par la Banque centrale européenne, tant le fonctionnement des

Sparkasse [caisses d'épargne] touche aux mécanismes les plus opaques et les moins vertueux de la vie publique [en Allemagne]. Il s'agit [...] de la volonté, politiquement naturelle, de "laver son linge sale en famille"».

Le «modèle» allemand est celui de la gestion d'un déclin. Il n'est donc pas seulement une impasse économique. Il est aussi l'un des principaux responsables du désastre économique et social que traversent nos pays et toute l'Union européenne. Il est enfin une source de risque considérable dans le château de cartes du système bancaire mondial. Désirer l'imiter, c'est s'halluciner. Vouloir l'étendre, c'est se suicider. Le laisser faire, c'est manquer de bon sens.

5

La méthode de l'annexion

Pourquoi tant de mépris pour les autres peuples européens? Parce que l'Allemagne a pris l'habitude de vivre sur le dos des autres. Elle a goûté le fruit défendu et elle y a pris goût. La réunification des deux Allemagne, la RFA et la RDA, en 1990, a été ce moment à partir duquel tout a changé. Bien sûr parce qu'un énorme marché s'est ouvert d'un coup. Mais parce que le patronat de l'Ouest a pu faire ce qu'il voulait. Entre soi et sans contrôle parlementaire ni de l'Est ni de l'Ouest. Et sans que nul ne bronche en Europe. Quant au gouvernement, il a pu lui aussi faire ce qu'il voulait au plan monétaire sans tenir aucun compte de l'impact désastreux sur ses «partenaires euro-péens» et notamment la France. Et, cerise sur le gâteau, tout le monde a bien voulu croire qu'un mark de l'Est valait un mark de l'Ouest, acceptant sans discuter une masse monétaire surévaluée. Elle deviendra ensuite une masse d'euros à la valeur du mark de l'Ouest. Passez muscade! Autant de brutalités impunies. Pourquoi se gêner ensuite? Tout le contraire! Les méthodes utilisées pour cette annexion sont devenues le modèle de référence de toute l'action européenne de l'Allemagne à l'est et au sud.

La note salée de l'annexion de la RDA

L'unification a provoqué une hausse de l'inflation en Allemagne au tournant des années 1990, de 1,3 % par an en 1988 à 5,1 % en 1992. La Bundesbank, la banque centrale allemande, a alors décidé d'augmenter les taux d'intérêt pour réduire cette inflation. Le tout sans aucune concertation avec ses voisins alors que venait tout juste d'être négocié le traité de Maastricht et son objectif d'une monnaie unique européenne. Or la hausse des taux d'intérêt allemands a coûté cher aux autres Européens et en particulier à la France. En effet, les «investisseurs» étaient attirés par les taux plus élevés en Allemagne. Pour éviter une fuite des capitaux de France vers l'Allemagne, la Banque de France a brusquement remonté elle aussi ses taux d'intérêt alors que la situation de l'économie française ne le justifiait pas, et demandait même l'inverse. Les autres banques centrales d'Europe ont dû adopter, contraintes et forcées, la même stratégie pour suivre la Bundesbank. Bilan? Un coût de la dette qui s'est envolé et des taux d'intérêt qui ont asphyxié les entreprises et l'activité économique. Tout le monde l'a payé avec la récession de 1993. Ici saute aux yeux la limite des bonnes paroles allemandes sur ses sentiments «profondément européens» et ainsi de suite. Ce qui fait dire au journaliste économique Guillaume Duval que, «si la réunification n'a pas eu que des aspects négatifs pour l'économie allemande, elle en eut par contre beaucoup pour celle de ses voisins». Une étude réalisée pour la Caisse des dépôts fournissait dès 1991 une évaluation de ce qu'il en a coûté aux autres. Exemple. Il est vrai que les entreprises françaises ont exporté en 1990 pour 50 milliards de francs supplémentaires vers les provinces de l'Allemagne orientale. Mais dans le même temps, leurs charges financières ont considérablement augmenté du fait des taux d'intérêt poussés vers le haut à cause du gouvernement allemand. Coût final ? « Cent milliards ». Merci qui ?

L'unification des Allemagne a donc fonctionné comme un banc d'essai pour un ensemble de méthodes d'annexion économique. Désormais le gouvernement allemand les reproduit dans toutes les directions. D'abord, saisir aux oreilles le lapin quand il est encore sous le choc. C'est dire que le choc n'est pas l'inconvénient de la situation mais son avantage décisif. « Vive la crise » en quelque sorte. Puis, enfermer les captifs dans une enceinte qui délimite clairement deux mondes : « eux et nous ». Ici c'est « la démocratie et l'économie de marché » et sa déclinaison concrète qui signifie souvent exactement le contraire : l'Union européenne et l'OTAN. Une fois le bétail dans l'enclos, il faut se l'approprier. Autrement dit, une fois cette main-d'œuvre rendue disponible, il faut que les circuits commerciaux soient méthodiquement dirigés vers l'usine d'assemblage allemande. Ces choses-là s'organisent. En premier lieu, il faut que les intéressés se laissent faire. Ensuite, il faut pouvoir tout remodeler à sa main sans alternative possible et enfin il faut éliminer la concurrence. La concurrence? On ne parle pas de ces pauvres ballots d'Européens. Ils n'ont rien vu venir, rien vu faire. Les grandes entreprises allemandes ont démarré au quart de tour: elles connaissaient le chemin. Dès 1990 elles ont déjà 32% des parts de marché contre 6,5% pour leurs amis «réconciliés», ces cruchons de Français. Il est vrai que les entreprises allemandes passent moins de temps la sébile à la main à mendier devant les contribuables et l'État que leurs homologues françaises pour qui c'est une activité essentielle. Elles ont donc tranquillement fait leurs emplettes dans les pays de l'Est dévastés et désorganisés par l'effondrement du camp socialiste. Elles n'ont rencontré aucune résistance. À la sortie, dès les années 1990, elles ont déjà une position ultra-dominante. Dans certains secteurs de la production, dans certains pays, elles possèdent tout. Tout simplement.

La méthode du choc

L'annexion doit surtout avancer sans hésiter. Il faut dérouler son programme sans avoir la main qui tremble. Ici il y a un point essentiel. Il faut absolument dépolitiser l'action. On ne doit pas avoir l'impression qu'il s'agit d'un choix. L'annexion doit rester une évidence bienveillante, sans alternative possible. Il faut donc absolument se passer de l'avis des populations. Ce qui fut fait d'abord en RDA. Pourtant les Allemands étaient là entre eux, paraît-il. Et d'ailleurs, un an avant la chute du Mur, Helmut Kohl déclarait : «Nous agissons aussi dans l'intérêt des hommes dans l'autre partie de notre continent et dans l'espoir qu'ils pourront un jour, par libre autodétermination, participer à la réalisation de cette œuvre de paix.» Un an plus tard, adieu la «libre autodétermination». Contre l'article 146 de la loi fondamentale allemande qui prévoyait la possibilité d'une assemblée constituante, la voie choisie fut l'adhésion directe, sans consultation des adhérents. Bruno Odent note que «le sort réservé à l'ancienne République démocratique allemande ne trouve de correspondance dans l'histoire; c'est la première fois qu'un pays développé et tout ce qui en constitue les structures sont aussi rapidement, systématiquement, méthodiquement détruits pour être remplacés quasiment du jour au lendemain par le système de l'État voisin; sans la moindre concession pour ses habitants, leur emploi, leur parcours professionnel voire leurs logements massivement confisqués par d'hypothétiques héritiers venus de l'Ouest». Deuxième étape de l'annexion, dépecer sans faiblesse, tout, d'un seul coup. La description méticuleuse de la méthode de dépeçage est implacable. L'organisme mis en place pour y procéder, la Treuhand, reçoit en gérance 8 000 entreprises et 40 000 commerces, soit 80 % de l'économie est-allemande. Le patronat ouest-allemand y décide tout seul, sans contrôle. Il y prend goût. Vite, il conclut que les «anciennes précautions ne servent plus». Si bien que les méthodes appliquées à l'Est vont être transposées à l'Ouest pour tout ce qui concerne l'organisation des relations sociales. Le «rêve allemand» vanté dans les années 1970 et 1980 par les bons esprits français s'effondre en silence.

Quand Gerhard Schröder arrive à la chancellerie en 1998, sa grande réforme achève la mise en place du nouveau système qui vient d'être expérimenté à l'est de son pays. Il libère pour cela la finance allemande de ses anciennes attaches avec les entreprises. Cogestion, capitalisme national intégré, zou! C'est fini. Simple comme bonjour. Le verrou était facile à faire sauter. Dorénavant, les banques peuvent vendre leurs participations sans payer l'impôt de 50% sur les plus-values qui les tenaient, jusque-là, la main clouée sur la table. La syndicalisation décroît à vitesse foudroyante, la pression des salariés s'évanouit. Banques et compagnie d'assurances courent sur les marchés financiers se gaver. Elles peuvent même revenir dans le capital des entreprises qu'elles connaissent si bien par le biais de leurs nouvelles participations dans les fonds de pension. Mais elles n'ont alors plus aucune obligation ni accord à respecter avec les salariés de ces firmes. Au contraire, elles savent où couper pour saigner plus efficacement. Depuis lors, le modèle allemand est pour l'essentiel seulement un mode d'exploitation particulièrement féroce et de brutalisation des populations qui lui tombent

sous la main. Et d'abord la population allemande. La « Kohlonisation » de l'Allemagne de
l'Est comme ironisaient amèrement tous les
frustrés du grand débat sur la nouvelle
Allemagne a permis que les entreprises allemandes délocalisent moins que tous les autres.
Normal : elles avaient à domicile une main-
d'œuvre hautement qualifiée à bas prix. Ce
modèle va ensuite être appliqué à toute l'Europe de l'Est à la faveur de l'état de choc
économique, après la fin du communisme
d'État. Non seulement personne n'a protesté
mais, pour un peu, certains auraient applaudi !

« Made in Germany » : l'impérialisme économique

Soumettre ses voisins aux besoins de l'économie allemande, c'est la doctrine actuelle
du « modèle allemand ». L'Allemagne a besoin
d'excédents commerciaux pour faire face au
vieillissement de sa population ? Tant pis si
cela creuse les déficits commerciaux de ses
voisins. L'Allemagne veut un euro fort pour
préserver la valeur de l'épargne de ses retraités
par capitalisation ? Tant pis si cela étouffe

l'industrie de ses voisins. L'Allemagne veut vendre des biens de qualité sans avoir à payer le prix pour le travail qualifié nécessaire? On trouvera bien des travailleurs allemands à exploiter mais plus sûrement encore des Européens de l'Est prêts à faire le travail pour moins cher.

C'est le secret de la prétendue réussite économique. En fait, le «made in Germany» ne doit pas grand-chose aux Allemands. Il doit en revanche beaucoup aux travailleurs polonais, tchèques, hongrois, slovaques, etc. C'est en effet dans ces pays que sont produits l'essentiel des biens vendus ensuite sous le tampon «made in Germany». Comment? Les multinationales allemandes produisent dans ces pays les pièces détachées dont elles ont besoin puis les réimportent et les assemblent en Allemagne, leur permettant de vanter et d'exporter un produit «fabriqué en Allemagne». Ce système est particulièrement répandu dans l'industrie automobile où, par exemple, l'allemand Volkswagen s'est précipité pour racheter le tchèque Skoda dès 1991! Guillaume Duval résume parfaitement la situation: «L'industrie allemande peut ainsi profiter pleinement d'un

Hinterland d'où elle tire composants et sous-ensembles fabriqués à bas coûts, ce qui lui a permis d'accroître sensiblement la compétitivité-coût de ses produits finis. Elle a parallèlement développé à marche forcée ses capacités de production dans ces pays, alimentant en retour ses propres exportations» de machines-outils pour les usines de ces pays. Sur le temps long, le fait marquant de l'économie allemande n'est pas seulement le doublement de la part de ses exportations dans la richesse du pays entre 1995 et 2012. C'est le doublement aussi des importations des produits pas chers qu'elle se contente d'assembler! Un organisme fournissait des statistiques sur la part des pièces importées dans les objets exportés. Bruno Odent nous apprend qu'il a cessé de le faire depuis 2006. À cette époque, on en était déjà à près de 45 % de composants importés dans les produits «made in Germany». Sur cette période, les investissements allemands dans les pays d'Europe centrale et orientale ont été multipliés par plus de onze. Bref, l'Allemagne a annexé économiquement les anciens pays soviétiques pour en faire l'atelier de production dont elle avait besoin pour produire moins cher. Le reste de l'Europe n'en a reçu que des miettes. Localement, tout progrès est au bénéfice des firmes allemandes. Et comme ça ne suffit pas toujours, le patronat allemand n'hésite pas à pratiquer la délocalisation à domicile. Autrement dit : faire venir en Allemagne pour les surexploiter des travailleurs payés moins cher que les nationaux. Il ne faut donc pas être surpris de voir que le patronat allemand est parmi les plus fervents partisans, et premiers bénéficiaires, du régime abject du « détachement de travailleurs ». Il leur permet de faire venir par milliers des Européens de l'Est pour travailler à moindre coût. Et déstabiliser ses concurrents comme on l'a vu quand les abattoirs allemands ont taillé en pièces la filière agroalimentaire française de ce secteur.

L'UE, nouvel empire allemand

L'Europe est donc aujourd'hui la « chose » des Allemands. Ils l'utilisent comme bon leur semble. Ce n'est pas nouveau. Déjà la création de l'euro a été pour eux l'occasion d'imposer leur modèle rigide d'organisation monétaire et l'indépendance de la Banque centrale. Dans ces circonstances, la création de l'euro s'est avérée n'être rien d'autre que l'extension du deutsche Mark aux autres pays. L'élargissement rapide de l'UE aux pays de l'Europe de l'Est en 2004 et 2007 a renforcé la position allemande en Europe et achevé de limiter l'ambition européenne à un simple «marché unique où la concurrence est libre».

Madame Merkel construit une Europe allemande. «Sans le vouloir», disent les naïfs. Voire. Pour ma part je crois qu'elle agit sciemment, persuadée qu'il n'y a pas d'autre politique meilleure que celle qui est bonne, croit-elle, pour son pays. Quoi qu'il en soit, elle avance ses pions. En 2008, c'est elle qui a obtenu – sans difficulté – que Nicolas Sarkozy s'assoie sur le vote des Français pour leur imposer sous le nom de traité de Lisbonne le traité constitutionnel européen pourtant rejeté en 2005 par référendum. C'est encore elle qui a imposé le traité budgétaire, c'est-à-dire l'austérité à perpétuité avec la règle d'or d'interdiction des déficits et les sanctions quasi automatiques contre les États récalcitrants. L'influence démesurée prise par madame Merkel ne s'arrête pas aux traités. En 2014, c'est elle qui a imposé la candidature du Luxembourgeois Jean-Claude Juncker à la présidence de la Commission européenne pour la droite européenne, contre le Français UMP Michel Barnier. Que les deux soient à droite n'enlève rien à la différence fondamentale qui les sépare. Le premier est l'ancien Premier ministre du Luxembourg qui a joué à fond la carte de l'arnaque fiscale pour vivre aux crochets de l'Europe et de ces grands naïfs d'eurolâtres. Le second est français, ce qui est souvent en soi un programme. Un gaulliste, ce qui est toujours mal vu hors des commémorations. Certes, ses efforts pour séduire les ultras néolibéraux ont été visibles. Mais il n'en reste pas moins l'organisateur de «l'union bancaire». Bien sûr, c'est un mécanisme de contrôle superléger. Mais c'est toujours trop pour ces messieurs-dames défenseurs du renard libre dans le poulailler libre. Trônant dans le poulailler, le renard allemand s'est drapé dans une cape d'invisibilité. Il se fait prendre pour une bonne poule comme les autres qui serait juste meilleure pondeuse que les autres. Le danger serait de se laisser hypnotiser par cet ingénieux prédateur!

6

« La chose militaire n'est plus taboue »

D'accord, l'armée allemande ne présente aucun danger. D'ailleurs elle n'a aucune efficacité militaire. Ses avions ne volent pas, ses chars doivent être poussés à la main et l'esprit prussien s'est évaporé depuis longtemps dans l'herbe fraîche. On est tranquilles. Mais on a le droit de se poser des questions. Tout de même nous avons été envahis trois fois en moins d'un siècle. Et puis l'Allemagne est déjà devenue le troisième fournisseur d'armes du monde en moins de 20 ans. Il s'est même trouvé un gouvernement en France pour vendre à une riche famille allemande les actions de la société qui produit les chars français. C'est dire à quel point nous sommes bien certains que tout est calme et en bon ordre. Et c'est tant mieux. Pourtant guerre et paix ont en Europe une autre mine depuis le grand bouleversement qu'a représenté l'effondrement du « camp socialiste ». La géopolitique mondiale s'est modifiée en profondeur. Au début, les États-Unis ont cru leur heure de gloire venue. Le père Bush a fait de la première guerre en Irak contre Saddam Hussein le point de départ d'un « nouvel ordre mondial ». Pendant ce temps la hiérarchie des puissances de ce monde nouveau se réorganisait. Elle n'a pas fini de le faire. Dorénavant la primauté des États-Unis est menacée dans tous les domaines. Un grand chambardement est en cours, d'où se détachent deux entités. D'un côté le groupe des émergents, le Brésil, la Russie, l'Inde, la Chine et l'Afrique du Sud. On les nomme : les BRICS. Et, de l'autre, les États-Unis et leurs bagages accompagnés de l'OTAN. À l'intérieur de ces deux ensembles, chaque composante joue sa propre partie.

En Europe, l'Allemagne joue la sienne. On sait comment son déclin démographique la met littéralement à l'affût de bras et de cerveaux disponibles pour entretenir ses rentiers. Pour les trouver, elle s'est donc remise en chemin sur les trajets qu'elle connaît depuis si longtemps : vers l'est. Sa feuille de route a été expérimentée avec l'annexion de la RDA. Elle reproduit peu ou prou le modèle partout où elle s'avance. Et elle s'avance partout. On va voir que la percée est là. Une marche souvent mise en scène de façon débonnaire en tenue de camouflage de l'OTAN. Mais elle est mise en œuvre avec un esprit de système aussi féroce qu'implacable. On y retrouve la volonté de puissance du passé dans les habits du temps présent. Mais cette fois-ci, aucune *Weltanschauung*, «vision du monde», n'est à l'œuvre. Juste un but pratique : dominer pour durer. Durer en dominant. C'est le programme de l'ordolibéralisme. Le tout en construisant méthodiquement le seul environ-nement à portée de main : celui qui contente les demandes des rentiers qui font les majorités politiques outre-Rhin. Pour y parvenir il faut reformater totalement les sociétés, dussent-elles être détruites pour cela. Mais si les Allemands eux-mêmes ont dû l'endurer et l'endurent tou-jours à cette heure, notamment en ex-Allemagne de l'Est, tous les autres ne peuvent-ils pas aussi le supporter ? Mieux vaut pour leur bien ne pas leur en laisser le choix, se disent les esprits concrets.

Les belles paroles de la réunification

La chute du mur de Berlin en 1989 et l'effondrement du « camp socialiste » auraient logiquement dû mettre un terme à la présence de l'OTAN en Europe. Au moins aurait-on pu s'interroger sur le sens d'une alliance dont l'adversaire venait de disparaître. L'Allemagne n'a pas eu le choix : elle devait se prononcer. Elle devait définir sa nouvelle position puisque la réunification faisait passer la frontière des alliances militaires de l'époque directement à l'intérieur du pays. Chaque Allemagne avait adhéré à une alliance militaire opposée. Sans doute les dirigeants allemands sentaient-ils bien ce que leurs paroles auraient de décisif. Ils savaient qu'elles pouvaient être déflagratrices si la réponse sentait trop fort les vieilles habitudes de la volonté de puissance. On se parfuma donc aux senteurs de l'olivier le plus pacifique. Il y eut en premier lieu des promesses fermes très réconfortantes. Le 11 février 1990,

Helmut Kohl, venu plaider la cause de la réunification allemande à Moscou, déclare : « Nous n'avons aucune intention d'étendre le territoire de l'OTAN à l'Est. » De telles paroles n'étaient pas de petite valeur pour ceux qui les entendaient de sa bouche. Mais avant lui, le 9 février 1990, le secrétaire nord-américain James Baker avait également rencontré Gorbatchev. Il s'était engagé lui aussi sur le fait que l'OTAN ne s'élargirait pas à l'Est. Un traité fut donc signé en septembre de cette année-là. Les quatre vainqueurs de la Seconde Guerre mondiale, la Russie, les États-Unis, la France et l'Angleterre et les représentants des deux Allemagne s'accordaient sur le règlement définitif de l'unification allemande. « L'Allemagne unie n'a aucune revendication territoriale quelle qu'elle soit envers d'autres États et n'en formulera pas à l'avenir. » On y apprenait aussi que « seule la paix émanera du sol allemand ». Délicieux. Pourtant des signaux inquiétants étaient déjà apparus.

L'Allemagne a résisté jusqu'au dernier moment pour reconnaître sa frontière orientale sur la ligne Oder-Neisse, qu'elle a toujours contestée depuis 1945. La France de François

Mitterrand en fit une condition de sa signature. La frontière à l'est, en effet, c'est une très vieille question sur ce continent. Une de ces permanences de l'histoire d'où jaillissent des conflits sans fin quand on ne les traite pas avec le soin qu'elles méritent. Le moyen de faire autrement quand la France dit non clairement? La ligne Oder-Neisse fut donc reconnue.

Mais le souvenir de l'épisode ne s'est pas perdu. Angela Merkel tient les comptes en ordre. Et Angela sait jouer de l'humour et des symboles quand elle le décide. En atteste ce tonnelet de harengs Bismarck qu'elle offrit à François Hollande en mai 2014. À bon entendeur salut. Il est vraisemblable que François Hollande qui n'est féru ni d'histoire, ni de symboles, ni de splendeur française n'a rien compris. À sa place j'aurais aussitôt offert un béret sarrois à madame Merkel. On serait ainsi restés dans le même registre. Ce béret aurait suffi à rappeler que la Sarre a longtemps été dans les rêves amoureux de la France, ce que l'Alsace et la Lorraine ont été pour l'Allemagne. Je pense que c'est le genre d'échange de cadeaux qui crée une ambiance de travail stimulante. En tout cas sur le moment, en 1991, cette affaire de ligne Oder-Neisse avait tenu tout le monde en haleine. Du coup il ne se fit plus aucune remarque ensuite. Pourtant il y aurait eu de quoi. Car l'unification allemande se solda finalement par l'adhésion à l'OTAN de toute l'Allemagne, RDA comprise, en octobre 1990. Ce n'était pas exactement l'engagement de départ. Mais comme on le sait tous, les promesses n'engagent que ceux qui les croient. Désormais l'OTAN arrive aux portes de la Russie. À présent, l'étau se resserre au prix d'une guerre féroce en Ukraine. L'Ukraine, riche réserve d'esclaves.

Le rouleau compresseur de l'OTAN vers l'Est

En géopolitique, l'angélisme est toujours fatal pour ceux qui le pratiquent. L'histoire longue a ses raisons qu'il vaut mieux connaître pour les traiter avec sang-froid. Toute l'histoire de l'Allemagne a été celle de sa volonté de contrôle sur l'Europe centrale et orientale. C'est ainsi depuis si longtemps! Depuis le Saint Empire romain germanique! L'histoire profonde nous montre les chevaliers Teutoniques

déjà partis «pacifier» militairement Pologne et
pays baltes jusqu'à la Finlande. Ou les colons
saxons ou souabes venus vandaliser les Balkans
et même le Caucase à plusieurs reprises. Cela
crée des habitudes, des réflexes, des traditions
et même le sentiment d'avoir des droits. Nous-
mêmes les Français pouvons comprendre de
quoi il s'agit. Certes, Richelieu puis Danton
nous ont légué le confortable concept de «frontières naturelles». Ayons la lucidité de nous dire
qu'elles n'ont rien de vraiment naturel puisqu'il
y aura toujours un fleuve un peu plus loin ou
une montagne juste à côté pour élargir la définition des limites trouvées dans la géographie.
L'ancien régime monarchique français n'était-il
pas obsédé par l'expansion en Italie? La
Hollande n'a-t-elle pas regroupé les «départe-
ments des Bouches-du-Rhin» à l'heure où la
libération républicaine de l'Europe marchait
au son des canons révolutionnaires français?
La Wallonie n'est-elle pas notre bien-aimée?
Cessons donc de nous offusquer à bon compte
de l'expansionnisme germanique quand bien
même son contenu n'a jamais été bienfaisant
pour ses voisins. Toujours est-il que, bien vite,
la nouvelle Allemagne unifiée va renouer avec

les vieux démons de la Mitteleuropa. Dans cette nouvelle ruée vers l'Est, rien de romantique, et aucun projet «allemand». Dans tout cela, il n'y a rien que de rationnel. Le modèle allemand nécessite l'existence d'une large réserve de main-d'œuvre qualifiée à bas prix. Je l'ai déjà dit, c'est une question de survie.

Qui peut croire que cela puisse durer toujours et sans réaction? La concurrence se fraiera un chemin à son tour auprès de ceux que la vieille Allemagne et ses méthodes d'exploitation rustiques auront cessé de faire rêver. À l'est, de toute façon, la concurrence, c'est la Russie. Ses habitudes sont inscrites dans les anciens circuits du Comecon, le marché commun du «camp socialiste». Sa langue est encore largement parlée par les élites sociales et intellectuelles. Ici s'éclaire l'importance donnée à l'élargissement des frontières de l'OTAN pour dessiner un «eux et nous», un «intérieur», l'Hinterland, et un extérieur. Sous couvert d'un discours sur l'instabilité et la fragilité des pays d'Europe centrale et orientale, l'Allemagne incruste son expansion avec les panneaux de signalisation de l'OTAN. Toute tension avec la

Russie, tout incident est le bienvenu pour confirmer la nécessité d'une alliance défensive comme prétend l'être l'OTAN. Tout ce qui construit une adversité durable construit en même temps l'espace d'un consentement à l'autorité allemande. Au point que la dynamique finit par échapper aux mains de ses initiateurs. Je suis certain que les Allemands d'aujourd'hui sont aussi écœurés que nous par le retour, en Ukraine et dans les pays baltes, des organisations nazies, la glorification du passé des collaborateurs et la destruction des monuments à la mémoire des morts de l'armée Rouge dans la lutte contre les nazis. Ils ressentent de la même manière que nous comme une offense inouïe le vote des retraites dues aux anciens SS dans une série de pays, le retour des parades et étendards des bataillons de volontaires nazis. Mais si l'on met de côté ces dégâts collatéraux, ce que je ne recommande pas, on constatera que le rapport de l'Allemagne à l'OTAN, d'abord lié à la guerre froide où la RFA jouait le rôle d'avant-poste, s'est vite inversé. C'est elle qui a instrumentalisé l'OTAN pour ses propres visées d'expansion. C'est sous son amicale pression que la Hongrie, la Pologne et la République tchèque sont intégrées dans l'OTAN en 1999. Pour quel autre motif si ce n'est d'étendre une domination continentale dont la vocation défensive est devenue sans objet? Oui sans objet. À moins que quelqu'un ne croie sérieusement que la Russie voudrait envahir les pays baltes ou la Pologne. On se demande bien pour quoi faire! Par contre c'est vrai qu'elle aurait besoin de commercer avec eux. Mais la place est prise! Et elle doit le rester! Puis, en 2001, l'Allemagne se prononce pour que la Slovénie, la Slovaquie, la Bulgarie et la Roumanie soient «invitées à réfléchir à leur adhésion à l'OTAN». Et elle demande que des échéances soient données aux pays baltes. Ainsi les frontières de l'OTAN qui ne devaient pas bouger courent plus vite que leur ombre allemande. C'est chose faite pour tous ces pays en 2004. Et pour la Croatie et l'Albanie en 2009.

Les pyromanes allemands

Le changement de ton et d'attitude depuis la chute du Mur se lit dans toutes les directions. Le rapport à la paix et à la guerre évolue brusquement. Ainsi quand, en violation de fait des traités sur la réunification, la Cour constitutionnelle allemande de Karlsruhe déclare dès 1994 que des engagements de la Bundeswehr dans n'importe quel pays ne seraient pas nécessairement illégaux. Juste à temps ! Dès juillet 1995, le Bundestag décide pour la première fois d'envoyer des troupes hors du sol allemand. Il s'agit de 1 500 hommes envoyés en ex-Yougoslavie. Une intervention sous l'étiquette bienveillante du maintien de la paix. Pourtant l'Allemagne a passé les années précédentes à attiser le séparatisme de la Croatie et de la Slovénie. Le 23 décembre 1991 elle est le premier pays au monde, avec le Vatican, à reconnaître la déclaration unilatérale d'indépendance de ces deux territoires ! L'Allemagne précipite l'éclatement sanglant de la Yougoslavie. Les Français avaient exigé comme préalable à leur accord que chaque nouvelle nation commence par reconnaître les droits de ses minorités nationales. Ils sont pris de court et humiliés. L'inévitable conflit qui en a résulté se soldera par 100 000 morts dont plus de 40 000 civils. Là aussi les permanences de l'histoire sont tristement cruelles. Car, dans ce cas,

l'Allemagne réunifiée rejouait le démantèlement de la Yougoslavie déjà tenté par elle
en 1941... avec les mêmes alliés slovènes et
croates.

Cette histoire se rejouera malheureusement
aussi avec le Kosovo. Dès 1995, l'Allemagne
évoque avec l'Albanie la perspective d'une
séparation du Kosovo de la Serbie. À partir de
1998, elle soutient carrément la constitution
des milices armées de l'UCK. Celles-ci sont
pourtant classées comme organisation terro-
riste. Elles tueront en toute impunité plusieurs
milliers de Serbes et d'Albanais du Kosovo.
Puis, l'Allemagne plaide activement pour
l'indépendance du Kosovo, en violation des
résolutions de l'ONU. Notamment celle du
10 juin 1999 qui réaffirme l'intégrité territoriale de la Serbie, Kosovo compris. Mais le
forcing allemand aboutira à l'indépendance du
territoire en 2008. Là encore ce sera au prix
d'une guerre qui aura conduit à un bombarde-
ment sans précédent de la Serbie. Dans chaque
cas, le mandat de l'ONU est absent pour autoriser de telles opérations. C'est l'OTAN qui les
décide seule.

L'OTAN, des bottes comme des pantoufles

L'atlantisme de l'Allemagne ne date pas d'aujourd'hui. C'est pourquoi le pays en connaît toutes les arcanes et moyens d'action. Tout a commencé en 1955 avec l'entrée de la RFA dans l'OTAN. Les États-Unis permettent ainsi la remilitarisation de l'Allemagne, malgré la résistance des Européens et notamment des Français. Dès 1950, le secrétaire d'État américain Dean Acheson n'avait-il pas dit : « Je veux des Allemands en uniforme pour l'automne prochain » ? Rappelons-le : cette décision a entraîné en réplique la ratification du pacte de Varsovie entre les pays communistes directement visés par le réarmement de l'Allemagne de l'Ouest. Et l'entrée de l'Europe dans la guerre froide, au prix d'un immense déchirement du continent. Cette question de l'organisation de la défense de l'Europe de l'Ouest est en réalité la véritable matrice de la construction européenne, contrairement aux récits mielleux sur le sujet. La première proposition d'action commune, ce fut la CED, la Communauté européenne de défense, fort justement rejetée par le Parlement français. Le reste ne vint qu'après.

L'Allemagne sera ensuite, à plusieurs occasions, l'épicentre de la surenchère militaire des États-Unis en Europe. Une autre façon de se rendre incontournable. Une autre façon de porter le pelage de la toute-puissance sans ses inconvénients. C'est elle par exemple qui accueille sur son sol des têtes nucléaires américaines début 1960. L'atlantisme est vite devenu une donnée fondamentale de toute la politique étrangère de Berlin. Il surplombe toutes les autres considérations. En particulier la fameuse amitié franco-allemande. Et ce n'est pas nouveau. Depuis le début. Les pires craintes d'Adenauer* sur de Gaulle avant de pactiser avec lui portaient sur ce point. D'ailleurs, le 19 mai 1958, le chancelier avait chargé son ambassadeur à Paris de porter au président du Conseil Pflimlin un message incroyable: «Dans l'intérêt de l'OTAN et de l'intégration européenne, il faut empêcher une prise de pouvoir du général de Gaulle.» Les mamours de la suite n'ont pas fait changer

---

* Chancelier allemand de 1949 à 1963.

d'un centimètre les convictions des Allemands. Que fait en effet le Bundestag en 1963 quand il ratifie le traité de l'Élysée sur l'amitié franco-allemande? Il ajoute un préambule atlantiste qui plaide pour «la défense commune dans le cadre de l'Alliance de l'Atlantique nord et l'intégration des forces armées des États membres du pacte». C'est d'un goût douteux dans le contexte d'une époque où la France ne cessait au contraire de s'éloigner de l'OTAN sous l'impulsion du général de Gaulle. Cet atlantisme militaire sera sans cesse confirmé, quelle que soit la couleur politique des chanceliers allemands. Ainsi, en 1974, l'Allemagne dirigée par les sociaux-démocrates accueille sur son sol, à Ramstein, le quartier général des forces aériennes de l'OTAN en Europe centrale. Et ainsi de suite. L'OTAN et l'Allemagne, c'est la même chose, en bottes ou en pantoufles.

Le risque du pire

Alors que «seule la paix devait émaner du sol allemand», l'Allemagne œuvre au contraire désormais à «faire que la chose militaire ne soit plus taboue », selon l'expression du chancelier social-démocrate Schröder. Elle compte désormais plus de 6 000 soldats dans onze pays, allant de l'Afghanistan à la Turquie ou au Mali. En à peine 20 ans, l'Allemagne a consciencieusement piétiné les engagements qu'elle avait pris à la réunification sur la non-extension de l'OTAN vers l'Est. Elle devient même désormais le principal levier du projet états-unien le plus dangereux depuis la fin de la guerre froide : le bouclier antimissile de l'OTAN. Ce gigantesque dispositif viole allégrement les traités internationaux de non-prolifération balistique. Et il est ouvertement dirigé contre la Russie qu'il pointe comme ennemie. Et c'est comme par hasard l'Allemagne qui accueille le centre de commandement du bouclier, dans sa base de Ramstein. Comment s'étonner dans pareilles conditions que la Russie devienne nerveuse, elle à qui l'Allemagne a infligé 20 millions de morts pendant la guerre ? Elle qui l'a vue à l'œuvre pour dépecer son allié yougoslave et bombarder son allié serbe. Elle enfin qui sait que l'Allemagne soutenait et finançait le nationalisme ukrainien dès la Première Guerre mondiale !

Le soutien aveugle de l'Europe aux autorités de Kiev doit justement beaucoup à l'Allemagne. Sans que la présence assumée de néonazis dans cette administration et ses forces armées en émeuve ni l'une ni l'autre. Une fois de plus la volonté allemande s'impose en Europe, au risque du pire. Et quoi que pensent les autres pays. Par exemple nombre de pays européens dénoncent désormais ouvertement la politique de sanctions contre la Russie : Italie, Grèce, Hongrie, République tchèque. Mais Merkel continue d'affirmer, avant même que les États se soient prononcés, que « les sanctions sont là pour durer ».

Le rêve du grand marché transatlantique

Dans le cadre global de la recomposition géopolitique du monde, l'Allemagne joue donc la carte de la puissance à l'intérieur de son camp. Mais c'est une puissance sans projet autre que de prolonger ses conditions matérielles d'existence. Sa réussite dans l'imposition à toute l'Europe de ses normes de gestion monétariste lui a donné des ailes. On l'a vu quand madame Merkel a réussi d'un coup d'épaule à désembourber le dossier du grand marché transatlantique qui clopinait depuis tant d'années. Au moment décisif, elle a su comment agir. Le président Obama a fait comme si le sujet était neuf. Il a joué la comédie du lancement d'un nouveau projet. En fait celui-ci est en négociation depuis 1996. Après plusieurs tentatives avortées, l'engagement des présidents états-uniens successifs et de leurs homologues à la tête de la Commission européenne n'avait pas suffi à ôter les méfiances de la plupart des États. L'obstacle est levé début 2013 quand madame Merkel se rend aux États-Unis pour confirmer le lancement de « négociations sur un accord de libre-échange entre l'Union européenne et les États-Unis d'Amérique ». Aucun peuple européen n'a jamais été consulté sur la question. Aucun gouvernement n'a été interrogé avant cette sortie. Aussitôt accourent à Washington le président du Conseil européen et celui de la Commission qui confirment avec enthousiasme. Une fois de plus, l'Allemagne a décidé pour tout le monde. Après quoi, la chancelière joue depuis lors le rôle de garant de l'avancée des négociations.

En particulier elle défend contre vents et marées l'idée des tribunaux d'arbitrage honnis par toute l'Europe des droits civiques. Ces prétendus tribunaux sont en effet habilités à se soustraire à la loi des pays pour trancher les litiges entre les États et les grandes firmes transnationales. Un dispositif qui concentre l'ordre libéral tel qu'en rêvent les dirigeants allemands. La loi n'a plus de valeur ni donc le vote des citoyens, leurs assemblées et les programmes politiques présentés dans les élections. Les transnationales jubilent. Ainsi l'Australie est-elle poursuivie pour sa politique antitabac, le Canada pour son moratoire sur les gaz de schiste et l'Allemagne... pour son abandon du nucléaire ! Madame Merkel sait ce que vouloir veut dire. Elle presse donc lourdement pour qu'un accord soit rapidement conclu. Même la Commission européenne finit par renâcler. Elle s'en fiche. Le 4 mars 2015 à Bruxelles, elle tape du poing sur la table : « Les échéances pour la conclusion des négociations sont fin 2015. » Silence dans les rangs.

L'embarras de la démocratie

Dans la forme que prend cette volonté de puissance, nos conceptions latines nous paralysent au moment de comprendre. Les Français en particulier ont une vision exaltée de la politique où la puissance et la gloire vont ensemble. Nos pires violences sont toujours habillées de bons sentiments. Notre universalisme militant nous cache parfois des tentations chauvines. Mais l'histoire nous a construits de cette façon. Nulle de nos actions qui ne soit une fresque. De Gaulle et Mitterrand y excellaient. On s'est ennuyés à mourir avec Sarkozy et Hollande. Et on s'est sentis mal en les voyant trottiner derrière madame Merkel. Mais il est temps de comprendre la mécanique de la volonté de puissance sans objet grandiose. La personnalité des dirigeants incarne souvent si bien ce qu'il en est du moment psychologique d'un peuple! Il faut décrypter madame Merkel pour comprendre l'énormité du malentendu qui nous sépare d'elle. «Sous l'apparence débonnaire, écrit Bruno Odent, se cache une redoutable femme politique. Elle ne tire pas sa force d'une vision ou d'un projet original que l'on serait bien en peine de définir mais d'une capacité singulière à utiliser les faiblesses de ses adversaires.» Ce n'est pas si nouveau. L'empereur Claude, au Ier siècle de notre ère, recommandait déjà à ses généraux de ne point trop parlementer ni finasser avec les chefs germains. Selon lui, ces derniers ne comprendraient que les rapports de forces et ne respecteraient que cela. Les subtilités françaises, les blagues du président de la République française doivent apparaître à cette femme comme des failles béantes de la volonté. Elle en tire méthodiquement son parti. D'une réunion à l'autre, la voici rendue à donner des conseils à la France, des bons points et des petites tapes sur les fesses. Mais pour quoi faire? Rien. Je veux dire rien qui ait un sens pour la construction de la communauté humaine avec ses désirs de «parc de loisirs.» Rien, c'est-à-dire juste appliquer un schéma de fonctionnement à la société tel qu'il sort des conciliabules entre experts. La quintessence du poison allemand est là. Il se nourrit au vieil esprit de système qui est la maladie des dirigeants de ce peuple. Il n'y a

qu'une politique possible. La raison techni-
cienne est apte à la prescrire. Le rôle de la
politique est de le faire admettre à ceux à qui
elle s'applique. Dans ce modèle, la démocratie
est l'embarras majeur. D'abord parce qu'elle
est la source des normes et des règles dont
l'ordre libéral pense qu'elles n'ont rien à faire
dans la sphère de la production et de la
finance. Ensuite parce qu'il n'y a pas de décisions démocratiques qui vaillent mieux que
ce qui est nécessaire selon les experts. C'est
ainsi qu'un Juncker* peut dire sans blêmir ni
être remis à sa place : «Il ne peut y avoir de choix
démocratique contre les traités européens**.»
L'expansionnisme allemand a des raisons d'être
allemandes. Mais il est surtout la forme la
plus concentrée du vide de notre temps. Une
période entièrement vouée à la circulation des
marchandises et à l'accumulation sous toutes
ses formes, y compris celles qui pour cela pri-
vent de tout le très grand nombre. Jusqu'au
point où 1 % possède autant que 99 %. Une
telle aberration ne dispose d'aucune autorité

---

* Président de la Commission européenne.
** Entretien au *Figaro*, le 29 janvier 2015.

ni morale ni culturelle. C'est pourquoi il lui faut le soutien du dressage à la soumission et de la force brute autant que de besoin. Ou de l'appui des religions.

7

Un club ethnique chrétien

Thomas Bores, un Français expatrié à Berlin, a bien mérité de sa patrie républicaine. C'est une forte tête qui ne s'en laisse pas conter comme le sont souvent les Français. En apprenant sa mésaventure, des millions de ses compatriotes ont découvert qu'en Allemagne les Églises levaient un impôt sur leurs ouailles. En effet, il avait répondu « sans religion » quand on lui avait demandé le nom de sa chapelle. Angoisse ! Les petites fourmis dans les bureaux berlinois ont agité leurs petites pattes car elles ne supportent pas les cases vides dans les questionnaires. Elles sont donc remontées jusqu'au diocèse en France où il avait été baptisé à l'âge où cela se fait, c'est-à-dire quand on n'est pas en état de comprendre ce qui se passe. Et hop, 500 euros de participation au culte catholique allemand. C'est un exemple simple et concret du malentendu qui nous rend souvent étranges l'Allemagne et les Allemands. En fait il s'agit d'une grande question philosophique. Les principes qui ont fondé la nation allemande ont été formulés en opposition à ceux que la Révolution française de 1789 avait mis en mouvement dans toute l'Europe. Là où tout commence pour nous par l'individu libre et souverain dont le citoyen est la forme politique, eux disent que tout commence par le *Volk*, le peuple au sens ethnique, lui-même défini par l'appartenance à une culture commune. Dans la tradition d'outre-Rhin, chacun est d'abord identifié par sa communauté. Mais à l'ère du McDonald's et du Lidl pour tous, des mêmes séries télé américaines et ainsi de suite, l'ethnie devient une idée moins évidente ! Au temps passé, on pouvait identifier quelqu'un à l'accent de sa vallée ou la forme des dentelles sur ses habits de fête ! Et puis, en Allemagne, le délire de l'ethnie a déjà produit une catastrophe inouïe. Les dirigeants allemands ont tous cherché à répondre à la question posée : par quoi remplacer le mythe de l'ethnie comme fondement de la communauté puisque celle-ci reste centrale dans leur conception de la nation? Le chancelier Willy Brandt* avait bien résumé cette ambition intellectuelle en 1967, dans un entretien publié par le magazine catholique *Mann in der Zeit* : «Après les horreurs du passé, il faudra entreprendre l'élaboration d'un *Volksgruppenrecht* [un droit ethnique] comme élément d'un ordre pacifique européen.» La religion prend donc le relais d'une identification ethnique ruinée par le nazisme. Déjà Konrad Adenauer revendiquait le liant chrétien. Au-delà même du progrès économique commun, il assignait à l'Europe la responsabilité politique supérieure de défendre «la civilisation chrétienne commune à tous les peuples européens** ». Helmut Kohl appelait l'Europe à rester un «club chrétien». Adenauer ne tournait pas non plus autour du pot. Dans sa vision du monde, la compétition entre les civilisations forme le sens de l'histoire : «La civilisation européenne conservera-t-elle son rôle dirigeant? Je ne

---

    * Chancelier allemand de 1969 à 1974.
    ** Discours de Konrad Adenauer sur la poursuite de l'intégration européenne, le 25 septembre 1956, durant les Grandes Conférences catholiques, à Bruxelles.

crois pas, si nous ne la défendons pas et si nous ne la développons pas en fonction de la nouvelle situation. Car les civilisations, l'histoire le montre, sont menacées elles aussi.» Cette logique simpliste deviendra, des décennies plus tard, la théorie nord-américaine du «choc des civilisations» de Samuel Huntington. Elle sert dorénavant de support «théorique» pour l'extension des frontières de l'OTAN. En Europe elle recoupe parfaitement le projet annexionniste de l'Allemagne.

Une réaction à 1789

Quoi qu'il en soit, pour pouvoir aller plus loin dans l'explication, prenons bien la mesure de l'impact et de la nouveauté inouïe de l'œuvre de la grande Révolution française. Ce n'est pas pour rien que le poète allemand Goethe déclara au soir de la bataille de Valmy, où le pauvre peuple en révolution avait vaincu une armée professionnelle de la monarchie absolue : «De ce jour date une ère nouvelle.» En effet. Du coup, les réactionnaires et conservateurs des États allemands de l'époque ne s'en laissèrent pas conter. Alain Minc lui-même, tout en criant « Vive l'Allemagne ! », reconnaît que « c'est en réponse à la conception française de la nation-contrat que se développe l'idée allemande d'une "nation-force vitale" – *Volksgeist* ». Les symboles parlent pour l'histoire longue qui travaille les peuples. L'acte symbolique de l'unification allemande en atteste. En 1871, Bismarck a fini d'enrégimenter la poussière des villes-États, évêchés indépendants et principautés allemandes. Il les unit en envahissant avec eux la France, lui infligeant le paiement d'une rançon considérable et s'appropriant l'Alsace et la Lorraine. Ce n'est pas tout. Dans la France occupée, c'est au château de Versailles que Guillaume Ier est couronné empereur d'Allemagne. Le nouveau kaiser n'était pas très chaud pour cette idée. Mais Bismarck eut le dernier mot. L'historien Nicolas Rousselier explique que ce lieu a été « choisi par Bismarck comme symbole européen du modèle absolutiste ». Bismarck a calculé ce couronnement en terre étrangère comme une revanche historique et idéologique sur la Révolution française. Une manière de montrer que l'Allemagne renouait la chaîne des temps que Dieu avait voulue et que le peuple révolutionnaire avait osé rompre. L'Église, la contre-révolution et l'Allemagne, c'est donc une vieille histoire. Le christianisme fonctionne aux yeux des Allemands comme un de ces dénominateurs communs sans lesquels la communauté humaine ne peut se rassembler vraiment ni se donner un sens. L'instrumentalisation de la foi chrétienne au service d'un projet politique est donc un moment essentiel de la démarche de l'Allemagne conservatrice quand se pose n'importe quelle question d'union des peuples qu'elle veut rassembler. Nous les Français, nous ne faisons jamais vraiment attention au fait que les conservateurs allemands se disent «chrétiens-démocrates». La confusion du religieux et du politique est omniprésente en Allemagne. Le délit de blasphème reste inscrit dans la loi. C'est d'ailleurs de la première occupation allemande de l'Alsace que lui reste cette fâcheuse empreinte. Du coup, n'a-t-on pas vu le parti islamiste au pouvoir à Ankara se référer à l'exemple allemand pour banaliser son identité? À l'heure de la «construction européenne», la question du ciment qui pourrait unir tant de cultures et d'histoires différentes reçoit deux réponses possibles. Celle de la tradition française qui se contente de vouloir créer des citoyens égaux en droit devant la loi commune. Et celle de l'Allemagne qui affirme tout déduire d'une culture commune s'imposant à l'individu. Comme elle marche sous l'uniforme de l'OTAN pour tracer le périmètre européen, l'Allemagne marche avec les Églises chrétiennes et d'abord la toute-puissante Église catholique pour fixer le *Volksgeist* du vieux continent.

Une croisade de Merkel

L'Allemagne fait donc cause commune avec l'Église catholique pour obtenir une référence à «l'héritage chrétien» dans les traités européens. La Conférence européenne des évêques en rajouta. Elle plaida ainsi pour qu'une référence au christianisme soit introduite dans la déclaration devant célébrer les 50 ans du traité de Rome. Accusant l'Europe d'apostasie, le pape Benoît XVI affirma : «Si, à l'occasion du cinquantième anniversaire des traités de Rome, les gouvernements de l'Union souhaitent se

rapprocher de leurs citoyens, comment pour-
raient-ils exclure un élément essentiel de
l'identité européenne comme le christianisme,
auquel une vaste majorité d'entre eux continue
à s'identifier?» Il fut entendu par l'Allemagne.
Ainsi Angela Merkel déclara, à l'issue d'une
entrevue avec le pape au Vatican, en août
2006 : «J'ai souligné une nouvelle fois que
nous avons besoin d'exprimer une identité
européenne sous la forme d'une constitution
et j'ai également clairement indiqué que la
référence au christianisme et à Dieu devait,
selon nous, être un élément fondamental de
cette constitution.» Une demande qui n'a heureusement toujours pas abouti grâce à la
résistance d'une partie des États européens.

L'Allemagne, meilleur lobby des Églises

À défaut d'obtenir la mention de Dieu dans
les traités, l'Allemagne a mené un intense lob-
bying en faveur de la reconnaissance d'un rôle
public et politique des Églises au niveau européen. Les Églises le demandaient de longue
date. Cette demande fut portée d'abord par une

coalition de pays conduite par Helmut Kohl. S'y retrouvaient l'Allemagne, le Portugal, l'Espagne, l'Autriche et l'Italie. Mais elle se heurta au refus d'une autre coalition regroupée pour l'occasion par la France avec la Belgique, le Luxembourg, l'Irlande et le Royaume-Uni. En dépit de l'insistance de Kohl au sommet d'Amsterdam en 1997, son projet ne put aboutir. Mais on fit cependant l'erreur de concéder une déclaration annexe sur les Églises. C'est la déclaration numéro 11 du traité d'Amsterdam. Erreur totale. Le ver était dans le fruit. Voilà bien les Français : ils croient qu'une astuce de procédure peut régler un problème, surtout si on l'oublie aussitôt. Les Allemands sont plus constants et moins complexés que les Français pour afficher leur volonté d'imposer leur philosophie de l'histoire. L'Allemagne et les Églises revinrent donc à la charge au moment de la rédaction de la Constitution européenne. Leur victoire fut totale. Les Français timorés et divisés laissèrent passer. L'article 51 de la Constitution protégeait les spécificités de statut national des Églises. Il reconnaissait au niveau européen «leur identité et contribution spécifique». Et pour cela il prévoyait : «L'Union maintient un dialogue ouvert, transparent et régulier avec [les] Églises.» Les syndicats n'ont pas ce privilège! C'est dire le point marqué! La sainte coalition avait donc réussi à graver dans le marbre des traités une position institutionnelle d'exception. Patatras, le peuple français vote «non» à la Constitution européenne. Qu'importe. Les croisés reprennent leur travail d'influence. Miracle : le traité de Lisbonne reprend exactement les mêmes dispositions avec les mêmes mots que le texte rejeté par le vote populaire. Tout cela figure désormais à l'article 17 du traité sur le fonctionnement de l'Union européenne.

Je vais décevoir les vrais croyants. Je ne crois pas que les dirigeants conservateurs allemands soient seulement animés par leurs convictions religieuses. Ni même par la recherche d'une identité culturelle commune de substitution après la dilution de tous dans les consommations mondialisées. Il y a surtout le souci de mettre en cohérence un système de pensée, avec un ordre politique et son pendant économique. Ce sont des choses qu'il faut prendre au sérieux. Nous ne devons jamais douter qu'ils iront au bout, et dans le détail, du plan qu'ils suivent.

La subsidiarité, passe-plat du libéralisme

Un des principes essentiels auquel s'accroche l'Allemagne dans la construction européenne est la «subsidiarité». Reconnaissons que c'était aussi le cheval de bataille d'un Français également très lié aux conceptions politiques de l'Église : Jacques Delors. Ce principe politique ne vient pas de la tradition progressiste. Il n'est pas nouveau. Depuis Thomas d'Aquin au Moyen Âge, le principe de subsidiarité est en effet le pilier de la doctrine politique de l'Église. Il postule que la responsabilité de toute action publique doit être confiée à la plus petite entité capable de résoudre le problème d'elle-même. Voilà qui est très sympathique à première vue. Ça sent bon l'autogestion. On croirait l'idée conçue pour définir la place d'une assemblée citoyenne locale. Lourde erreur. L'idée conduit surtout à limiter toute concentration de pouvoir par une quelconque puissance publique. Ce n'est pas tout. Il s'agit ici de favoriser des «corps intermédiaires» encadrant les individus. Méfiance ! Ce principe renvoie plus largement à cette philosophie si bien en phase avec le *Volk* allemand où des groupes préexistent et s'imposent aux individus. Pas de ça, Lisette ! On connaît la musique de cet embrigadement. Dans la philosophie républicaine, la personne décide librement de ses appartenances et peut en changer quand elle veut. Les groupes n'existent qu'en vertu de la volonté des individus. Je ne développe pas. Je veux seulement montrer qu'entre subsidiarité et refus de l'existence d'une puissance publique décidée et orientée par les citoyens il n'y a qu'un pas. Tout ça colle comme un gant avec le libéralisme économique. L'Église ne s'est jamais cachée de tout cela. Ainsi, Jean-Paul II, dans son encyclique *Centesimus annus* de 1991, l'a fait sans détour. « Le principe de subsidiarité, écrit-il, en créant les conditions favorables au libre exercice de l'activité économique, conduit à une offre abondante de possibilités de travail et de sources de richesse. [...] En intervenant directement et en privant la société de ses responsabilités, l'État de l'assistance provoque la déperdition des forces humaines, l'hypertrophie des appareils publics... » Cette conception religieuse d'un État « subsidiaire » converge parfaitement avec le libéralisme économique dont l'Allemagne est le char de combat au niveau européen. C'est donc un Allemand qui obtient l'intégration de ce principe dans le traité de Maastricht : Helmut Kohl. L'homme qui a annexé la RDA sans aucune subsidiarité prouve que les mots valent par ce qu'on en fait. En tout cas le cadre général est désormais fixé dans le traité de Maastricht et recopié tel quel dans le traité de Lisbonne. Il est affirmé sans détour, quoique ce soit dans l'épaisse langue de fonte des rédacteurs européens : «La Communauté n'intervient, conformément au principe de subsidiarité, que si et dans la mesure où les objectifs de l'action envisagée ne peuvent pas être réalisés de manière suffisante par les États membres et peuvent donc, en raison des dimensions ou des effets de l'action envisagée, être mieux réalisés au niveau communautaire.» Cela a été interprété à tort comme un garant de la souveraineté des États. Erreur! C'est un garde-fou libéral : la puissance publique doit rester subsidiaire, pour ménager la libre concurrence. Il ne peut en être autrement. L'Allemagne ne peut ni ne veut entendre parler d'autre chose que d'une économie régie par sa seule dynamique interne, où les normes et les règlements qui changent au gré des majorités politiques sont proscrits pour toujours.

Ordolibéralisme

Cette doctrine n'a rien d'épidermique. C'est une doctrine très construite. Elle porte même un nom : « ordolibéralisme ». Pas besoin d'avoir fait du latin pour comprendre ce que ça veut dire. Comme d'habitude les Français n'ont pas pris au sérieux l'obstination des dirigeants allemands, leur opiniâtreté de mule. Car tout cela ne se découvre pas aujourd'hui. L'« ordolibéralisme » est devenu leur doctrine permanente sous la direction de Ludwig Erhard, ministre de l'Économie de 1949 à 1963 puis chancelier. Ce n'est donc pas une surprise de voir madame Merkel continuer le tricot commencé depuis tant de temps ! Et ce n'est pas une nouveauté non plus que les Français n'aient pas la cote aux yeux des militants de cette doctrine. Nous sommes même très mal vus ! Dès les négociations autour du traité de Rome signé le 25 mars 1957, le fondateur de l'ordolibéralisme, Wilhelm Röpke, s'inquiétait d'une «asymétrie» entre «deux groupes de pays signataires». On voit déjà se dessiner alors l'affrontement entre l'Allemagne et les pays d'Europe du Sud sur la nature de la politique économique à mener. «D'un côté ceux qui se soumettent à une discipline monétaire et budgétaire rigoureuse, dont l'Allemagne; de l'autre la France.» Et dès cette époque, l'Allemagne combat toute idée d'harmonisation sociale qui compromettrait la libre concurrence. Le Français Maurice Faure, alors secrétaire d'État chargé des Affaires étrangères, rapporte en ces termes le refus formel opposé par Ludwig Erhard : «Le ministre allemand ne cache pas qu'il juge néfaste la législation française, et que le Marché commun ne saurait avoir pour conséquence d'en étendre l'application à l'Allemagne.» Il considère même ce «romantisme social» comme «excessivement dangereux». Ben voyons !

L'Europe pour se garder du peuple

L'enjeu va au-delà des seuls aspects monétaires et économiques. Selon l'économiste

Frédéric Lordon*, «le grand mythe collectif allemand de l'après-guerre est monétaire, point d'investissement de substitution d'un sentiment national interdit d'expressions patriotiques chauvines après la défaite». On peut ainsi estimer, à sa suite, que l'arrogance de la politique d'Angela Merkel tient moins au seul caractère du personnage et à son ancrage à droite qu'à une affirmation brutale des conceptions historiques traditionnelles de l'Allemagne. D'autant que le contexte lui est plus favorable qu'à aucun moment depuis la chute du «camp socialiste» et la mondialisation financière. «La réunification de l'Allemagne et l'unification de l'Europe sont les deux faces d'une même médaille», avait déclaré Helmut Kohl**. On aura mal compris quelle normalisation cela annonçait. Revenant sur les conditions d'entrée dans l'euro, Frédéric Lordon rappelle ainsi : «Les conditions de l'Allemagne n'étaient pas négociables au départ ; elles ne le seront pas davantage en cours de route, car elles sont la part d'elle-même que

---

* Voir ouvrage cité en bibliographie.
** Discours devant le Parlement européen le 22 novembre 1989.

l'Allemagne s'est promis de ne pas abandonner : l'adoption pure et simple de son modèle ordolibéral de politique économique et d'organisation monétaire a été posée dès le début comme le *sine qua non* de son entrée dans la monnaie unique. La France a dit oui. Le reste s'est ensuivi. »

8

L'Europe parle allemand

Un mot plus haut que l'autre à propos de madame Merkel et vous voilà immédiatement repeint en «germanophobe». De l'autre côté du Rhin, on prend moins de précaution. Beaucoup moins. À vrai dire on n'en prend aucune. La grossièreté est même la règle dans le premier journal du pays, le quotidien *Bild*. Il invective régulièrement les autres peuples européens sans grande gêne. Ainsi l'a-t-on vu exiger en une que l'Union européenne mette «les Grecs dehors!». Ou bien, plus trivial: «*Bild* veut les îles, par écrit!» pour exiger que le gouvernement grec s'engage à vendre des îles en échange du prêt européen en 2012. Sans oublier le concours de selfies avec le journal en main barré d'un gros titre: «*Nein*», porté par de pauvres nigauds à qui on a fait croire que le Premier ministre grec Alexis Tsipras leur demandait de payer la dette de son pays. La bouffissure autosatisfaite est la règle. Jusqu'au point d'oublier que certaines attitudes sont définitivement inacceptables venant d'Allemagne. Nous, les « *réconciliés* », nous nous souvenons des raisons pour lesquelles nous étions « *fâchés* ». C'est ce qu'aurait dû comprendre Volker Kauder en 2011. Il s'agit du président du groupe des députés CDU-CSU, le parti de madame Merkel, au Parlement allemand. À la tribune du congrès de son parti, il s'est réjoui du fait que, « maintenant, l'Europe parle allemand ! ». Il fut ovationné par la salle dans une ambiance de fête de la Bière. Nous n'aurons pas besoin de beaucoup de vocabulaire pour ce que ces gens-là ont à nous dire en allemand. Anton Börner, le très délicat patron de la fédération des exportateurs allemands, résume le message : « Les pays d'eau chaude, declare ce pignouf pour désigner les pays méditerranéens, ne comprennent rien d'autre que des mots durs et la fermeté des marchés de capitaux. »

Le noyautage allemand

Autant prendre cette morgue pour de l'humour. Mais il est exact que l'Europe parle allemand à certains endroits bien choisis. Ainsi on parle beaucoup allemand aux postes clés de la maison commune. Car ce sont des Allemands qui les occupent. C'est une tendance lourde à l'œuvre : l'Union européenne est confisquée par les Allemands. C'est spécialement vrai pour les postes discrets mais très influents. Voyez plutôt. Qui préside la Banque européenne d'investissement depuis janvier 2012? Un Allemand, Werner Hoyer, membre du parti libéral allemand FDP, allié de madame Merkel au gouvernement allemand à l'époque de sa nomination. Qui est le directeur général du Mécanisme européen de stabilité depuis octobre 2012? Un Allemand, Klaus Regling. Qui est le secrétaire général du Conseil, c'est-à-dire de la réunion des chefs d'État et de gouvernement de l'Union européenne? Un Allemand, Uwe Corsepius. Qui est le directeur de cabinet de Jean-Claude Juncker, le président de la Commission européenne? Un Allemand, Martin Selmayr, membre de la CDU, le parti de madame Merkel. C'est au point qu'un eurolâtre des plus sévèrement atteints comme le journaliste Jean Quatremer, une des vaches sacrées médiatiques les plus anciennement en poste au Parlement européen, a fini par s'émouvoir. Mal contrôlés, ses propos sont à la limite de la germanophobie. Dans *Libération* du 3 mars 2015, il éructe: «[Le] Conseil des ministres et la Commission sont noyautés par des haut fonctionnaires allemands [...]. Un exemple? Selon notre comptabilité, les Allemands comptent 9 chefs et adjoints de cabinet chez les 28 commissaires européens, contre 3 Français.» Les Allemands «*noyauteraient*» donc! Le mot est grave. Il veut dire infiltration organisée en vue d'un but connu des seuls participants. Un complot? Un peu de mesure tout de même.

Il faut dire que, souvent, la méthode allemande n'est pas très délicate. On ne peut pas dire que cette façon de se placer aux endroits où se joue la décision soit toujours d'un effet très heureux. On devine pourquoi. Ainsi quand la Grèce passe sous contrôle des proconsuls de la Troïka européenne, il lui faut constater, avec le sourire s'il vous plaît, que c'est en fait un contingent d'Allemands qui débarque... Voici d'abord Horst Reichenbach. C'est lui qui dirige la *task force* de la Commission européenne pour la Grèce depuis novembre 2011. Puis voici Matthias Mors, le chef de mission de la Commission, et Klaus Masuch, le chef de mission de la BCE. Trois sur trois représentants de l'Union européenne. Les Grecs ont senti passer. Mais les autres en Europe doivent comprendre combien ils sont peu pris au sérieux quand il s'agit d'affaires jugées décisives. Je me dis que c'est peut-être tant mieux. Cela épargne aux autres peuples le déshonneur d'être associé à ce honteux brigandage. Le désastre économique, social et humanitaire provoqué par la politique d'austérité en Grèce est donc à la fois orchestré par le gouvernement allemand et mis en œuvre par ses ressortissants. Le succès d'estime était par conséquent garanti dans le contexte historique de la Grèce. Le souvenir du pillage du pays par les nazis et des exactions de l'armée allemande est encore bien vif, savez-vous? Je siège au Parlement européen à côté de l'homme qui a retiré le drapeau nazi du Parthénon. Comment penser que Berlin ait pu ignorer quelle réaction susciterait la présence de ces trois-là ensemble pour accomplir cette triste besogne ? Cette humiliation a donc été choisie pour porter un message : nommer qui dorénavant est assez fort pour se permettre une domination affichée sans fard ni remords. Ce message a été reçu cinq sur cinq et sa réplique n'a pas tardé. Heureusement nos médias nous ont épargné le spectacle du mauvais exemple : des affiches, des cris et des manifestations à chaque retour mensuel de cette fine équipe de superviseurs haïs. Mais si on les avait montrés, je suppose que ça aurait été pour dénoncer la xénophobie des Grecs plutôt que pour mettre en cause leurs bourreaux. Cependant, comme je l'ai mentionné, même les plus eurolâtres les plus exaltés finissent par tousser. Le journaliste Quatremer, après avoir fait l'inventaire navré de la haute chefferie, lance l'alerte : « Le Parlement européen est quasiment devenu la troisième chambre du Parlement allemand. » On ne saurait mieux dire. Qui préside le Parlement européen depuis 2012 ? Un Allemand, Martin Schulz, membre du parti social-démocrate allemand qui gouverne l'Allemagne en coalition avec madame Merkel. Qui est le secrétaire général du Parlement européen, pilote des procédures internes et de l'organisation des séances plénières? Un Allemand, Klaus Welle. On pourrait continuer la liste et noter encore par exemple que l'Allemagne est le pays le plus représenté parmi les présidents de groupes politiques au Parlement européen. Trois Allemands sont là, et ils ne font pas semblant. Il n'y a aucun Français. Il n'y en a plus aucun à la tête d'une des directions du Parlement européen.

Les Français sont les dindons de la farce eurolâtre. L'Europe n'est plus vraiment autant à eux qu'à l'Allemagne! Les gargarismes sur le couple franco-allemand ne peuvent cacher la réalité. Si l'Europe a bien commencé réellement sous le signe de la réconciliation franco-allemande à partir du moment où de Gaulle l'a mise en scène, l'égalité qui en était selon lui la seule règle possible a vécu dorénavant. C'est la fin d'un principe fondateur de la construction européenne: l'égalité absolue entre la France et l'Allemagne dans les institutions européennes. Or, depuis 1994, un symbole non négligeable affiche le contraire.

Depuis cette date en effet l'Allemagne compte plus de députés que la France au Parlement européen. Les naïfs diront que c'est normal puisque sa population est plus nombreuse. Erreur. C'est un choix politique. Entre 1979, première élection du Parlement, et 1994, la France et l'Allemagne avaient le même nombre de députés. Ce nombre est toujours resté identique pour nos deux pays quand bien même a-t-il varié au gré des élargissements de l'Union européenne. L'argument de la population ne tient donc pas. Il n'a jamais compté avant cette date. Car, déjà en 1979, la RFA était plus peuplée que la France. Il y avait 62 millions d'Allemands de l'Ouest et seulement 55 millions de Français. Dorénavant, on fait le contraire. On donne une prime aux Allemands. En effet l'écart entre le nombre de députés est plus grand que l'écart de population! En 2014, l'Allemagne comptait 23% d'habitants de plus que la France. Mais elle a élu 30% de députés de plus que nous. Dans quel «souk politique» cet arrangement s'est-il conclu? Quel Allemand l'a dénoncé?

Le souk français

Contre toute prudence et vergogne, les mots aigres et les menaces allemandes s'adressent aussi à la France. Chaque fois que la Commission européenne doit se prononcer sur la situation française, les molosses allemands sont de sortie. En novembre 2014, hors de sa compétence, c'est le Commissaire européen allemand Günther Oettinger qui appelait la Commission à «traiter avec rigueur» la France. Il utilise alors un qualificatif qui en dit long : «pays déficitaire récidiviste». Récidiviste ! Comme on le dit d'un criminel. Il est vrai qu'en allemand le même mot désigne une dette et une faute, une culpabilité : *die Schuld.* Plus récemment, le président de la Bundesbank, la banque centrale allemande, comparait la discussion entre le gouvernement français et la Commission à un «souk politique». Un «souk», ça se dit comment en allemand ? Pourquoi choisir un mot arabe pour stigmatiser une décision prise à l'issue d'une discussion avec la France ? Et pourquoi un mot en arabe à propos de la France? C'était après une discussion avec madame Le Pen?

Pour ce qui est du souk, l'Allemagne contemporaine est la championne du marchandage et des coups de bluff qui vont avec, comme on va le voir. Pour autant, une fois de plus comment madame Merkel s'est-elle convaincue qu'elle pouvait s'autoriser le droit de distribuer des bons et des mauvais points à la France? La loi Macron est «une bonne chose», déclare-t-elle en mars, de passage à Paris. Ben voyons! Mais les réformes en France sont «insuffisantes», avait-elle pris soin de préciser en décembre. Que sommes-nous devenus pour supporter tout ça sans que l'on puisse élever la voix pour dire que ça suffit! Car qui proteste aujourd'hui est immédiatement voué aux gémonies. La maison est bien tenue. Madame Merkel doit le savoir. Alors pourquoi se gênerait-elle?

La Grèce paiera!

L'arrogance allemande est donc désormais sans limites puisqu'elle n'est jamais mise en cause. L'escalade est permanente, sans gêne, volontairement provocante. La palme revient sans aucun doute ces temps-ci au ministre des Finances Wolfgang Schäuble. À la première réunion de l'Eurogroupe suivant la victoire de Syriza en Grèce, son comportement a été totalement odieux selon tous les observateurs. Le soin du détail dans sa volonté d'humilier les Grecs était insupportable. À moins bien sûr que cet homme soit déjà ailleurs, c'est-à-dire au point de croire que son pays commande et les autres obéissent et où toute discussion est une formalité. C'est ce qu'ont pensé beaucoup des témoins en le voyant quitter la réunion avant la fin. Pourtant le ministre grec était au téléphone avec son Premier ministre Alexis Tsipras pour recueillir ses consignes pour la fin des discussions. Qu'aurait-on entendu si le ministre Varoufakis était parti pendant que l'horrible Schäuble téléphonait à madame Merkel ! Puis, quelques jours plus tard, ce cynique jubilait en imaginant que « les Grecs auront sûrement du mal à expliquer cet accord à leurs électeurs ». Que les votes soient piétinés quand l'Allemagne a parlé, voilà qui fait exulter Herr Schäuble. Telle est la dictamolle dans «l'Europe allemande». Horreur, j'ai dit «l'Europe allemande»! Sonnez, tocsins de la lapidation, résonnez, hautbois de l'expiation. Non: joker! «L'Europe allemande» est le titre d'un livre en allemand, écrit par un Allemand et préfacé par un autre Allemand: Daniel Cohn-Bendit*. Et ce livre montre assez bien l'aberration de ce qui se passe sur ordre de Berlin.

En tout cas le placement de la Grèce sous protectorat allemand en est un bon exemple. Le gouvernement Merkel a été aux avant-postes de tous les mauvais traitements infligés à ce pays. En 2010, déjà, c'est madame Merkel qui a imposé l'appel au Fonds monétaire international, le gendarme nord-américain qui a déjà ruiné tant de pays. C'est elle qui a conçu le «plan de sauvetage» comme la contrepartie de mesures d'austérité féroces. C'est encore l'Allemagne qui a proposé la mise sous tutelle de la Grèce par la Troïka, c'est-à-dire le trio regroupant le FMI, la Commission européenne et la Banque centrale européenne. Mais le comble est ailleurs.

---

* Voir en bibliographie l'ouvrage d'Ulrich Beck.

Le gouvernement allemand, on le sait, est l'un des plus hostiles à toute renégociation de la dette publique grecque. Pourtant il a accepté de mettre en place un plan de « sauvetage » en 2010. Que se passait-il donc qui poussa ces implacables rigoristes à la clémence ? Il s'agissait de permettre aux banques allemandes de se débarrasser de la dette grecque qu'elles avaient achetée en masse. Désormais, les trois quarts de la dette publique grecque ont changé de mains. Elle est détenue à 80 % par des organismes publics de la zone euro. Bien joué, vieille canaille ! Le « souk » a bien marché dans cette opération ! Et l'Allemagne s'oppose à tout nouvel allégement alors même que la dette est tout simplement impayable par les Grecs. Les arguments allemands sont connus : les Grecs sont responsables et ils doivent payer pour leurs erreurs du passé. Que ces « erreurs » n'aient pas été commises par le peuple grec mais par les dirigeants corrompus et malhonnêtes du PS et de la droite grecs est un détail de l'histoire pour le ministre allemand des Finances. Que ces indélicatesses aient été rendues possibles par des pratiques favorisant l'évasion fiscale que le gouvernement allemand protège au nom des dogmes monétaristes dont il se considère comme le grand prêtre, voilà qui ne l'émeut pas. De même que ne peut compter la responsabilité de la banque Goldman Sachs qui aidait le gouvernement de droite quand les comptes étaient truqués. Il est vrai qu'un de ses anciens dirigeants, Mario Draghi, est désormais président de la Banque centrale européenne. Il est donc chargé de faire respecter par la Grèce les obligations qu'il lui apprenait à contourner et qui l'ont plongée dans le chaos. Telle est la farce européenne. Tout fonctionne comme si le gouvernement allemand voulait imposer une punition au peuple grec tenu pour responsable collectivement de l'incurie et des vols de ses dirigeants. Étrange renversement des rôles moraux. Soit le principe de responsabilité collective s'applique pour tout le monde, soit il ne doit s'appliquer pour personne. Si les Grecs sont collectivement responsables des mauvaises actions passées de leurs dirigeants, alors les Allemands le sont tout autant. Cela fait donc au moins une bonne raison supplémentaire pour les obliger à rembourser les extorsions commises par leurs armées d'occupation. La difficulté n'est pas là

où on pourrait le croire. Elle n'est pas psychologique par rapport à un passé monstrueux de
l'Allemagne. La difficulté est que l'Allemagne ne
paie jamais ses dettes !

Les Allemands ne paient pas leurs dettes

En effet les Allemands sont les plus mal placés pour accuser les Grecs de ne pas payer leur
dette. Car les Allemands sont les spécialistes
du défaut sur leur dette. Ils ont fait défaut
trois fois au cours du xxe siècle ! La première
fois après la Première Guerre mondiale, la
deuxième en 1953 et la troisième en 1990 après
la réunification. Après la Première Guerre mondiale, l'Allemagne a enchaîné les banqueroutes
et rééchelonnements de sa dette. En 1923, le
défaut allemand se solda par une baisse des
annuités à payer. En 1930, rebelote avec cette
fois un étalement sur 59 ans ! Et en 1933, à leur
arrivée au pouvoir, les nazis arrêtèrent de payer
les dettes et les réparations dues. Ils envahirent
les voisins d'abord pour remplir leurs caisses
vides. Ils n'oublièrent jamais, à peine arrivés, de
piller les coffres-forts des autres.

Après la Seconde Guerre mondiale, l'Allemagne a de nouveau fait défaut sur sa dette. C'était en 1953. Pour contenir la progression du «camp socialiste», il fallait renforcer de toutes les façons possibles la digue ouest-allemande. La conférence de Londres a annulé l'essentiel de la dette due par la République fédérale d'Allemagne. Mais il y avait une clause de revoyure! Une partie de cette dette était repoussée à une hypothétique période future qui suivrait la réunification si celle-ci avait lieu un jour. Le 27 février 1953, la conférence de Londres a bien manié la gomme. Elle a abouti à l'annulation de près des deux tiers de la dette allemande (62,6%). La dette d'avant-guerre a été réduite de 22,6 milliards à 7,5 milliards de marks et la dette d'après-guerre est réduite de 16,2 milliards à 7 milliards de marks. L'accord a été signé entre la RFA et vingt-deux pays créanciers parmi lesquels les États-Unis, la Grande-Bretagne, la France, mais aussi... la Grèce! Pourtant l'invasion et l'occupation allemandes avaient été spécialement barbares chez eux. Que l'Allemagne accepte d'annuler une partie de la dette grecque aujourd'hui ne serait qu'un juste retour. À défaut de dette morale ou d'élégance, les Allemands pouvaient se douter que cet argument serait produit. Qu'ils n'en aient rien eu à faire signale une nouvelle fois tout un état d'esprit !

Ce n'est pas tout. Car bien plus récemment, à l'heure de ce qu'il est convenu d'appeler «la réunification», l'Allemagne n'a tout simplement tenu aucun compte de ses engagements pris précisément à cette conférence de Londres en 1953. Il s'agit cette fois-ci du deuxième volet de cet accord, celui qui concernait le paiement des réparations de guerre. La conférence avait convenu là encore de renvoyer le paiement au jour de la réunification. C'est donc bien dans les faits un troisième défaut. Comme le dit l'historien de l'économie Albrecht Ritschl : «Le chancelier d'alors, Helmut Kohl, a refusé d'appliquer l'accord de Londres de 1953 sur les dettes extérieures de l'Allemagne, qui disposait que les réparations destinées à rembourser les dégâts causés pendant la Seconde Guerre mondiale devaient être versées en cas de réunification. Quelques acomptes ont été versés. Mais il s'agissait de sommes minimes. L'Allemagne n'a pas réglé ses réparations après 1990 – à l'exception des indemnités versées aux travailleurs forcés. Les crédits prélevés de force dans les pays occupés pendant la Seconde Guerre mondiale et les frais liés à l'occupation n'ont pas non plus été remboursés. À la Grèce non plus. »

À l'époque, avec l'humour très glauque des nazis, les forces d'invasion allemandes ont imposé le paiement par la Grèce des frais de leur occupation. Bref elles ont pillé les coffres du pays. Compte tenu de l'inflation depuis 1945, cette dette a été estimée aujourd'hui à 162 milliards d'euros ! C'est l'équivalent de la moitié de la dette publique grecque actuelle ! En revendiquant le paiement de cette dette, le nouveau Premier ministre grec Alexis Tsipras présente une exigence totalement légitime. Il doit être soutenu dans sa demande. Et cela aussi longtemps que les Allemands ne renonceront pas à asphyxier la Grèce pour l'exemple et comme preuve de leur domination sur l'Europe. Quoi qu'il en soit, que ce chapitre ferme la bouche des admirateurs de la rigueur allemande et autres fadaises qui obligent chaque génération à fournir gratuitement des habits neufs à ce pays après ses frasques.

9

De quoi l'Allemagne est-elle le nom?

La germanolâtrie française est triomphante. Que dis-je : elle parade ! Elle se consomme en toute saison et toute occasion, se savoure à belles lampées, se récite comme un des mantras obligés du bon goût. À servir toujours tiède et légèrement saupoudrée de mièvreries confites à « l'amitié au couple franco-allemand » et autres gourmandises vintage. Bof ! Il faut aussi mettre tout cela à sa place. Celle de l'hypocrisie. Elle est souvent abyssale. La question qui se pose plutôt est de savoir pourquoi tant de gens se sentent obligés de faire de telles déclarations d'amour et d'allégeance au vieux voisin. À qui parlent-ils ? De quoi ont-ils peur ? Et quand les chiens de garde entendent un bruit suspect de germanophobie, comment ne pas noter la disproportion entre leur hargne folle et le niveau des critiques auxquels s'adresse leur vindicte ? Il y a anguille sous roche !

Le bal des faux culs

Le meilleur indice, c'est bien le changement de ton que l'on peut observer quand d'aucuns se déboutonnent entre soi. Le record à ce sujet est détenu par Nicolas Sarkozy. Le 12 juillet 2010, il clamait avec ferveur : « J'admire le modèle allemand. » Le 27 octobre 2011, sur France 2, il allait plus loin : « Tout mon travail, c'est de rapprocher la France d'un système qui marche, celui de l'Allemagne. » On le crut jumelé en le voyant se couler au bras de madame Merkel jusqu'au journal de vingt heures pour sa précampagne présidentielle. Leur proximité était si éclatante qu'elle a donné lieu à un acronyme : Merkozy. Mais la nuit venue, à l'heure des meetings, le même Sarkozy changeait de ton du tout au tout. Et ce n'était pas pour faire dans la dentelle. Personne n'a jamais été aussi violent sur le sujet. « Nous pouvons être fiers de notre pays [...] clamait-il, la France n'a jamais cédé à la tentation totalitaire»! Et encore ceci : «La France n'a pas inventé la "solution finale".» Terrible, non? Et ceci : «Elle n'a pas commis de crime contre l'humanité ni de génocide*...»? Comme si ça ne suffisait pas, on l'a même vu aller loin dans l'humour bien lourd: «Est-ce que vous iriez passer vos vacances en Allemagne?» Et d'y répondre: «Nos enfants, ils ne veulent pas aller en vacances en Allemagne, mais aux États-Unis ou en Angleterre!» Selon *Le Point*, en 2008, il affirmait même : «La gémellité franco-allemande est contre nature. Mais je ne ferai rien qui la détruise.» Un tel écart dans les registres de conviction signale un interdit majeur. Un tabou quasi freudien.

Il n'est pas le seul dans ce cas. Au PS aussi, la parole n'est pas du tout libre sur le sujet. Le 26 avril 2013, *Le Monde*, vigilant gardien de l'orthodoxie germanolâtre, dénonçait une version provisoire du programme du PS pour les élections européennes de 2014. Le texte avait été écrit par Jean-Christophe Cambadélis, alors responsable des sujets européens au PS et devenu depuis premier secrétaire. Que disait-il?

---

* Discours de Metz, 17 avril 2007.

Il dénonçait notamment «l'intransigeance égoïste de madame Merkel», surnommée «la chancelière de l'austérité». Bien sûr, le but était de laver Hollande de toute responsabilité dans le désastre économique en cours. Mais c'était tout de même une mise en cause assumée du rôle de l'Allemagne. Rien de tout cela ne parut jamais. L'Élysée et Matignon exigèrent sur le ton le plus dur la réécriture de ces passages et la suppression de ces formules attentatoires à la majesté allemande. Ce qui fut fait, dans l'heure, par le PS. À l'époque, Manuel Valls qui n'était pas encore Premier ministre dénonçait «des propos irresponsables, démagogiques et nocifs». Rien que ça! Il ajoutait : «Il ne peut pas y avoir de recherche d'un bouc émissaire qui aurait le visage d'Angela Merkel. Si elle gagnait les élections en septembre [2013], que ferions-nous? Nous déclarerions la guerre à l'Allemagne?»

Le débat interdit

La grossièreté du procédé signe le forfait. Quiconque dénonce la politique imposée par le gouvernement allemand en Europe voudrait faire la guerre avec eux! Fermez le ban! Énorme! Qui se risque à la critique paie cher et comptant. Arnaud Montebourg s'en est rendu compte. Fin 2011, il accusait madame Merkel d'être «en train de tuer elle-même l'euro». Dans une émission de télévision et une note de blog, il développait un raisonnement similaire au mien. Pour lui, «c'est sur notre ruine que l'Allemagne fait sa fortune». Il avançait même sur un terrain plus pentu... : «La question du nationalisme allemand est en train de ressortir au travers de la politique à la Bismarck de madame Merkel. Elle construit la confrontation pour imposer sa domination.» Ce n'était pas un coup de sang mais une analyse économique et politique lucide: «Bismarck fit le choix politique de réunifier les principautés allemandes en cherchant à dominer les pays européens, particulièrement la France. Dans une similitude frappante, la chancelière Angela Merkel cherche à régler ses problèmes intérieurs en imposant l'ordre économique et financier des conservateurs allemands à tout le reste de l'Europe.» Et encore : «Il me semble évident qu'à travers la question de l'euro se joue, pour la population allemande, la question de l'accumulation d'excédents qui lui permettront d'affronter son propre vieillissement.» Arnaud Montebourg en tirait une conclusion limpide: «Le moment est venu, maintenant, d'assumer la confrontation politique avec l'Allemagne.» Ce n'est certainement pas ce qu'a fait le gouvernement auquel il participait! C'est une évidence! Pour autant l'idée court secrètement et discrètement les rangs socialistes. Parfois elle finit par affleurer à la surface. Ainsi quand le président de l'Assemblée nationale Claude Bartolone, excédé par la soumission trop évidente aux exigences allemandes, laisse éclater sa conviction profonde. À son tour il appelait lui aussi à ouvrir une «confrontation» avec Angela Merkel. Le tollé qui a accompagné ces deux prises de position a dissuadé les éventuels candidats à la franchise. Me voici seul de nouveau à nommer les choses comme elles doivent l'être. Et bien sûr j'en prends pour mon grade. J'avais écrit en 2010* que la nouvelle génération de dirigeants allemands était dorénavant décomplexée

---

* Dans *Qu'ils s'en aillent tous !*, Flammarion, 2010.

et qu'ils ne subissaient plus la retenue qu'imposait à leurs parents le poids des crimes de la Seconde Guerre mondiale. Daniel Cohn-Bendit a réagi avec le sens de la mesure qu'on lui connaît. Il m'accusa de vilipender « les Boches ». Peu importe que ce mot ne soit pas dans mon livre comme il le prétendait. Pour lui, je « sombre dans le populisme » parce que je décris un état d'esprit nouveau outre-Rhin et que je demande d'en tirer la leçon. Il s'agit bien de tracer une ligne d'interdit absolu. À ses yeux, ce n'est plus une opinion politique de critiquer l'Allemagne, c'est tout simplement un délit. Comme le racisme l'est en France. Évidemment, pour cela, il faut aussi m'amalgamer à l'extrême droite française. Cohn-Bendit n'est jamais en reste pour l'injure : « Quand Copé parle des immigrés, c'est du racisme ; quand Le Pen parle des immigrés, c'est du racisme ; quand Mélenchon parle des Allemands, c'est du racisme. » Il avait déjà utilisé les mêmes accusations grossières contre Arnaud Montebourg en 2011. À l'époque, il ne se contenait plus, postillonnant avec fureur : « Montebourg sombre dans le nationalisme au clairon qui ne sert qu'à raviver des sentiments qu'on croyait définitivement derrière nous. C'est du mauvais cocorico. Il fait du Front national à gauche. » Le correspondant à Bruxelles de *Libération* n'est jamais en reste non plus. C'est une sentinelle vigilante du vaudou européiste. Il accusait Montebourg d'avoir « clairement dépassé la ligne rouge de l'ignominie » et de « cracher sa haine à coups de clichés nationalistes qui montrent que la réconciliation franco-allemande, qui date de 1950, n'a toujours pas réussi à pénétrer certains intellects ». Mes lecteurs ayant sous les yeux quelques lignes plus haut les propos de Montebourg, chacun pourra comparer le niveau de violence et d'insulte de la réplique par rapport à la mesure argumentée du propos initial.

Seule la louange est licite

Seule la louange est licite. Seule elle va de soi. Ses exagérations ne comptent pas. Personne ne s'en soucie. Le plus convaincu est sans doute Alain Minc. Le titre de son livre paru en 2013 est sans fard : *Vive l'Allemagne !* Il n'y va pas avec le dos de la cuillère. Pour lui l'Allemagne est « le pays le plus sain d'Europe » !

Dans le concert des louanges, il en est d'aucunes particulièrement obscènes. Mais elles seraient impossibles à prononcer si l'ambiance ne libérait pas la pire bêtise. Ainsi quand Emmanuel, Petit, ancien international français de football, dénonçait en 2014 la France comme «hypocrite et lâche» et les Français comme «un peuple arrogant, suffisant, menteur et hypocrite». Le crétin se laissant aller ensuite à rêver à haute voix : «Parfois, je me dis qu'en ayant été envahis par les Allemands, on serait mieux dirigés aujourd'hui.» Comme c'était quand même trop et que le monde du football compte aussi beaucoup de patriotes vigilants, il a dû préciser : «L'Allemagne que j'aime, c'est celle d'aujourd'hui, bien meilleure que nous politiquement, économiquement et sportivement.» Mais cette mise au point change-t-elle quelque chose quant au fond du propos ? Et si le footballeur n'avait pas mieux compris et choisi plus vite son camp que maints hallucinés des balivernes à propos de l'amitié et de la réconciliation franco-allemande ? Au fond, si les héritiers de Pétain refont surface politiquement avec le FN, pourquoi les miasmes de la collaboration n'accompagneraient-ils pas aussi cette résurrection ?

Car la réalité, c'est bien qu'une annexion économique a eu lieu. Que l'Allemagne est son maître d'œuvre au compte de la finance. Qu'elle s'étend à mesure que l'Union européenne s'étend en imposant à chaque candidat à l'adhésion «l'acquis communautaire», c'est-à-dire «le modèle allemand», gravé dans le marbre du traité budgétaire. Ce traité que François Hollande avait promis de renégocier et qu'il approuva ensuite sans broncher, toute honte bue.

Après Merkozy, Merkhollande

Naturellement les raisons de chanter les louanges du drôle de voisin sont aussi diverses que les choristes. Les uns se donnent des airs de sérieux gestionnaires, les autres font montre de ces grands sentiments qui flattent leur narcissisme. Un instant les grands mots leur font ressentir le frisson qui parcourt l'échine aux images de la prière commune de Gaulle-Adenauer à Reims ou de façon plus laïque la main dans la main de François Mitterrand et Helmut Kohl à Verdun. Mais tous savent à quoi s'en tenir. Encenser l'Allemagne, c'est la cotisation de base à la pérennité du système. Ça fait partie de la panoplie de rigueur dans le beau monde des puissants qui tiennent la caisse et décident de l'usage du pilori médiatique.

François Hollande n'a aucun mal à cotiser : il est convaincu. Le 5 décembre 2011, quelques semaines seulement après son investiture comme candidat à la présidentielle, il affirmait à Berlin, au congrès du SPD, le parti social-démocrate allemand : « Vous avez fait des réformes importantes ici en Allemagne. En France, elles ont trop tardé. » Une fois élu, on peut dire qu'il s'y est mis pour de bon. Et il ne s'en cacha pas. Le 23 mai 2013, toujours en Allemagne, à Leipzig, pour le cent cinquantième anniversaire du parti socialiste allemand (SPD), il se lâche : « Le progrès, c'est aussi de faire des réformes courageuses pour préserver l'emploi et anticiper les mutations sociales et culturelles comme l'a montré Gerhard Schröder. » En fait le discours est destiné à la fameuse puissance sans visage ni parti qu'il prétendait combattre : la finance. C'est exactement le genre de signal qui s'entend de très loin. Surtout quand on prend la précaution d'aller le lancer dans l'antre des dévots. Dire du bien de Schröder, c'est montrer sa carte d'adhésion au club de la droite de l'internationale socialiste. François Hollande n'a fait que répéter ce que disait Manuel Valls depuis plus longtemps que lui. À l'époque, Valls était encore considéré comme un marginal de l'extrême droite du mouvement socialiste. Dès janvier 2011, quelques jours après avoir proclamé sa volonté de s'attaquer aux 35 heures, il affirmait : « Je veux faire en France ce que l'Allemagne a fait sous l'ère Schröder et qui permet à l'Allemagne de retrouver aujourd'hui la croissance et l'emploi » ! L'allégeance au « modèle allemand » est donc bien avant toute chose un signal politique lancé au monde des importants. Mieux vaut le savoir.

Lorsque Arnaud Montebourg le comprend, il est trop tard : Valls et Hollande l'ont viré du gouvernement. Il ne lui reste plus qu'à avouer son propre égarement : « La vérité est que les Français ont voté pour la gauche et qu'ils se retrouvent avec le programme de la droite allemande. » Mais une fois de plus, s'il a raison quant aux faits, il continue de s'aveugler quant à leur ampleur. Car « le programme de la droite allemande » est aussi le programme...

du PS allemand! Si François Hollande et Nicolas Sarkozy peuvent ânonner les mêmes inepties sur le «modèle allemand», c'est que leurs alliés respectifs en partagent la paternité de l'autre côté du Rhin! L'initiateur du «modèle allemand», c'est le SPD, le parti social-démocrate allemand allié du PS français. C'est sous son autorité qu'ont été détruits le système du capitalisme rhénan et le compromis social qui allait avec. C'est lui qui a donné les clés du camion allemand à la finance mondialisée. Cette politique était si violemment contraire aux principes de la gauche que certains du SPD ont préféré le quitter. C'était le cas de mon camarade Oskar Lafontaine, qui avait auparavant démissionné de son poste de ministre des Finances de l'Allemagne. Il a fondé le parti de gauche Die Linke. Il était présent à mes côtés pour la fondation du Parti de Gauche en 2008.

Un système global

Merkel ensuite a poursuivi la politique de Schröder de façon plus méthodique et globalisée. Car il avait été reproché à ce grand brouillon de Schröder, certes «l'ami des patrons» comme le surnommaient ses camarades de parti, d'être trop lent à frapper fort. Madame Merkel s'est donc mise au travail méthodiquement depuis son arrivée au pouvoir en 2005. Et c'est bien à elle que l'on doit l'extension à toute l'Europe du «modèle». Le traité de Lisbonne était déjà une réussite pour elle. Car il foulait aux pieds le vote de deux peuples fondateurs de l'Union européenne. Annuler le pouvoir du vote est un aspect important de la doctrine de l'ordolibéralisme, on l'a vu. Mais ce n'était pas encore suffisant? Puisque cette étape avait été franchie, une autre pouvait l'être tout aussi automatiquement. Ceux qui veulent généraliser la méthode de l'annexion expérimentée en Allemagne de l'Est savent qu'ils doivent avancer sans cesse et sans pause. Il fallait donc mettre en place une camisole de force, installer dans chaque ministère des Finances national un corset de fer. Imposé par tout le cœur de la doctrine. Tel est le sens de «la règle d'or» qui impose l'équilibre budgétaire à tous les niveaux de gestion publique. Mais aussi les fumeuses définitions du «déficit structurel» qu'il s'agit là encore de réduire à néant. Voilà la matière première du «traité budgétaire» et de son cortège incroyable de mesures de mise en œuvre dans les vingt-huit pays de l'Union. La plus vaste et la plus implacable annexion jamais vue sur le vieux continent.

On comprend alors la furie des nouveaux censeurs quand on s'en prend à l'Allemagne. Eux savent qu'on passe vite d'une critique à une réflexion d'ensemble. Ainsi, quand Claude Bartolone qui avait posé la nécessité d'une «confrontation avec l'Allemagne» revient sur le sujet, il est obligé de préciser son propos. «Si l'on veut vraiment inscrire le projet européen dans la durée, dit-il, il faudra bien renégocier les traités.» On le voit: s'attaquer au «modèle allemand», c'est tout remettre en cause, des années de victoire ininterrompues de la finance sur les peuples.

La camisole des grandes coalitions

C'est aussi s'attaquer au cœur de la structure politique qui a permis cette opération et qui la pilote encore : la cogestion droite-PS pour imposer «la seule politique possible». Car madame Merkel n'a jamais agi seule. Depuis 2013, elle gouverne l'Allemagne dans une «grande coalition» avec le parti socialiste allemand. En Allemagne, le PS et l'UMP gouvernent ensemble! Ils l'ont déjà fait entre 2005 et 2009! Et ils recommenceront à mesure que le SPD s'affaiblira du fait de son inutilité puisqu'il n'incarne plus rien de différent que ce qui est déjà en cours!

Le «modèle allemand» et la grande coalition sont les deux faces d'un même programme politique. Ce modèle de grande coalition prolonge au plan politique l'adhésion au «modèle économique allemand». La moitié des pays de l'Union européenne sont désormais gouvernés par une alliance PS-droite et vice versa! Certains disent qu'une alliance de ce type est aussi possible en Espagne à la fin de l'année 2015 pour empêcher le parti antiaustérité Podemos de prendre le pouvoir. En France, certains médias en ont caressé l'idée, et le quotidien libéral *L'Opinion* en a fait un grand titre pour sa une! Quand Nicolas Sarkozy a fait son «ouverture» et débauché une série de dirigeants du PS, qu'imitait-il? Et demain? Que se passera-t-il entre les challengers du deuxième tour face à Marine Le Pen après qu'une nouvelle fois le front républicain aura fonctionné comme un bon prétexte ? De toute façon cette forme d'alliance au pouvoir domine dans la moitié des pays de l'Union européenne. Elle a été l'axe du pouvoir grec au lendemain de l'ouverture de la crise de la dette dans ce pays. Socialiste, droite et extrême droite même ont gouverné ensemble sous les ordres de la Troïka allemande. La politique de la grande coalition s'applique à tous les étages. Depuis le niveau régional jusqu'à la Commission où huit des vingt-huit commissaires européens de la Commission Juncker sont membres du parti socialiste européen. Le membre du PS français Pierre Moscovici siège ainsi aux côtés de la droite européenne. Le PSE et la droite européenne cogèrent aussi le Parlement européen. C'est l'Allemand Martin Schulz, qui préside ce parlement grâce à un accord PS-droite pour se partager les postes ! Et quand le PS et la droite ne gouvernent pas ensemble, ils sont de toute façon d'accord pour appliquer la même politique à tour de rôle.

Le chemin de la libération

Rompre avec le poison allemand est donc une exigence nationale, populaire, sociale et philosophique pour le camp du progrès humain et de la lutte contre le productivisme. La confrontation politique avec les gouvernements allemands est une des conditions de la libération des peuples. La confrontation dont je parle ici n'opposera pas le peuple français au peuple allemand. Elle confrontera les deux peuples à l'oligarchie. Mais c'est aux Français de lancer l'action, car ce sont eux qui sont aujourd'hui dominés. Sans cet affrontement, aucune politique de relance écologique et sociale de l'activité n'est possible. Ni aucune refondation de l'Europe et encore moins l'indispensable régénération démocratique. Le dire n'est pas être belliqueux et encore moins raciste. C'est être lucide sur l'état idéologique, politique, économique et juridique de l'Union européenne aujourd'hui. Et sur l'influence néfaste de l'Allemagne en son sein.

Conclusion

Le fil rouge de nos devoirs

Un fil rouge court l'histoire en Europe depuis plus de 2 000 ans. Il parcourt la France et l'Allemagne. Il se fixe le long de la frontière de l'Empire romain. Son *limes* a installé deux mondes, de part et d'autre. En deçà : la cité et le citoyen. Au-delà, la tribu et l'ethnie. Ici, la cité, lieu de tous les mélanges et de toutes les agoras. On en devient membre du seul fait qu'on s'y trouve, surtout quand on participe aux décisions qui la concernent. Là-bas, la tribu, vissée dans la tradition ethnique. On y hérite, par le sang transmis, le droit de s'asseoir à la table du banquet commun. Ces deux cultures ont irrigué tout l'espace mental et politique de notre longue histoire. L'une s'est toujours brisée sur son penchant à l'émiettement. L'autre sur la violence des différences ethniques qu'elle exalte jusqu'à la folie la plus criminelle. La France est héritière des deux mondes depuis la fin du règne de Charlemagne. Peut-être est-ce pourquoi elle a pu produire le moyen d'un dépassement lumineux de ces deux limites. La grande Révolution de 1789 a engendré le peuple des citoyens égaux en droit du seul fait de leur commune humanité. Le douloureux cheminement de la laïcité dans notre histoire donne la clé d'une paix religieuse perpétuelle au sein de chaque peuple au moment où le temps présent les mélange sans cesse davantage. Enfin, elle a fait résonner sur le xxe siècle l'appel de la Commune de Paris de 1870 : sans égalité sociale il n'y a ni liberté ni fraternité aboutie.

Ce fil rouge a pris des visages en ressurgissant, des siècles après la fin de l'Empire romain. C'est celui des penseurs des Lumières et de la culture qui va avec. Français et Allemands ont été travaillés par le levain révolutionnaire des Lumières, *Aufklärung* en allemand. Les « Lumières allemandes » éclairent aussi le monde de l'esprit, et de quelle manière ! Kant et Marx sont allemands, je ne l'oublie pas. Ils figurent parmi mes maîtres à penser définitifs.

Mozart est bavarois. Pas sa musique, qui parle dans toutes les langues. Bien sûr, la tradition révolutionnaire des Allemands a été un phare. Mais si en France vaille que vaille les Lumières gagnent toujours à la fin, elles ont toujours perdu en Allemagne. Oui, c'est vrai, la France a aussi sa part d'ombre. Elle contient aussi sa proportion non négligeable d'affreux communautaristes partageant la définition ethnique de la nation ou du peuple avec les conservateurs allemands. Ce n'est pas une raison suffisante pour s'inhiber.

Les Français n'ont qu'une patrie : la République. Leur identité nationale tient dans un contrat qu'ils peuvent proposer à tout être humain : liberté-égalité-fraternité. Il n'y a pas d'ethnie française. Le français est langue officielle dans vingt-neuf pays du monde, et les frontières de notre pays touchent aux cinq continents. Dès lors, voici les Français assignés à se montrer toujours davantage universalistes pour être eux-mêmes. Et de même dans le quotidien le plus banal. La France ne fait ni du couscous ni de la choucroute une identité, ni de la bière et du vin une antinomie. À l'heure des mises en partage, s'il doit y avoir une idée

fédératrice en Europe, l'histoire politique révolutionnaire de la France républicaine peut la
proposer sans rougir. L'Allemagne ne le pourra
jamais. Ceux qui ricanent en lisant cette ligne
sont soit des ignorants soit les affidés de
l'annexion qui est en cours.

Recracher le poison

Voilà pourquoi la France peut recracher le
poison qui la détruit. Elle doit rompre l'encer-
clement de l'ordolibéralisme qui s'organise
autour d'elle par la conjuration des libéraux
au pouvoir partout. Pour avoir laissé faire
l'annexion sauvage de l'Allemagne de l'Est,
pour avoir laissé démanteler à sa main
l'ex-Yougoslavie, pour avoir encouragé l'ins-
tallation des protectorats dans tous les pays
voisins de l'Union européenne et permis
l'annexion économique pure et simple d'une
bonne partie de l'est de l'Europe, pour avoir
accepté d'entrer dans un conflit qui n'est pas le
sien avec la Russie, la France s'est isolée. Le
projet d'Europe sociale a coulé. La paix est
redevenue fragile.

Mieux vaudrait assumer une « confrontation franche » des points de vue avec l'Allemagne actuelle. Quel autre moyen pour traiter les problèmes que d'accepter de les voir ? Il s'agit ici d'assumer la divergence d'intérêts et de projets entre un peuple vieillissant comme l'Allemagne et un peuple en explosion démographique comme la France qui formera bientôt la première population du vieux continent. La France, si exaspérante, des fois si décevante, reste le meilleur atout pour changer la donne. La France, deuxième économie du continent. La France, sans cesse plus jeune ! La France, indépendante dans tant de domaines et bien sûr militairement ! La France peut bloquer le nouvel empire, si elle le veut. Pour son bien, celui des peuples, des Allemands eux-mêmes et avec leur concours. Mais il faut tenir tête, refonder l'Europe, à partir de la France, sur des objectifs moins étriqués que le bien-être des retraités allemands. Notre but essentiel doit être de stopper la marche au chaos en cours. Le pouvons-nous ? J'invite à l'optimisme ! Le déclin du grand voisin est programmé et ce sont des économistes allemands qui le disent. Raison de plus pour ne plus rien leur lâcher. Encore faudrait-il avoir l'audace de proposer un autre projet.

Demain est à nous

Ce projet, il n'est pas si difficile à décrire. Attachons-nous d'abord à nos devoirs d'êtres humains unis par un même destin commun. L'écosystème qui rend la vie humaine possible est en grand danger. Le changement climatique a commencé. Peuples, sciences et culture doivent être mobilisés pour faire face. L'Europe est le réservoir de savoir-faire et de moyens financiers le plus puissant du monde. Sa responsabilité est donc évidente. Celle des Français également car c'est celle d'une grande nation, première en nombre bientôt, dont la population dispose d'un haut niveau d'éducation et de qualification. Si tel est le devoir, puisque c'est de l'intérêt général humain qu'il s'agit, alors les moyens doivent suivre. Des investissements humains et financiers considérables doivent y être affectés. La mutation écologiste de nos moyens de production et d'échanges et de notre façon de vivre est la priorité. Voilà qui est incompatible avec la misérable, l'irresponsable accumulation financière à laquelle se consacre le système actuel, sans autre boussole ni but que de se perpétuer, alors même que la planète a déjà fixé un délai de fin de partie. Dès lors, tout ce qui irrigue, conforte ou protège ce système absurde forme un tout à éradiquer.

Le projet du futur européen et français est donc d'essence universaliste. S'il n'est à l'évidence et par nécessité la propriété d'aucun peuple en particulier, il me semble cependant que notre pays est bien placé pour l'adopter et pour aller loin dans sa mise en œuvre. Certes aujourd'hui il suffoque dans le chômage et la désagrégation de ses comptes publics, asphyxiés par le garrot allemand. Mais il peut organiser la relance responsable de son activité en planifiant la transition écologiste de son économie et donc en créant l'industrie, les services et les millions d'emplois qui la rendent possible. Comme le siècle à venir est celui de l'entrée de l'humanité toujours plus nombreuse sur les territoires et les ressources de la mer, et comme il est le deuxième territoire maritime du monde, il dispose d'atouts puissants. Je suis

conscient de l'ampleur de la tâche, de la pesan-
teur des routines qu'il faut changer, de la
résistance des intérêts que cette vision bous-
cule. Un tel renouveau de l'action demande
une grande énergie. Où la trouver sinon en
nous-mêmes ? C'est pourquoi j'attache tant
d'importance à cette idée : notre peuple doit
d'abord se refonder lui-même. Cette refondation, je la vois possible, on le sait, en convoquant
une assemblée constituante pour passer à la
VIe République. Voilà comment entrer ensemble
et les yeux ouverts dans l'histoire neuve qu'il
faut écrire.

L'Union libre des peuples libres

Nous ne sommes pas seuls à pouvoir vivre
autrement que sous protectorat allemand.
Ensemble, les pays du « Club Med » méprisés
par les dirigeants d'outre-Rhin comptent non
seulement la deuxième, mais la troisième et
la quatrième économie de l'actuelle Union
européenne. De plus, avec les riverains de la
Méditerranée occidentale, c'est-à-dire avec le
Maghreb de Tunis à Rabat, un ensemble

économique est dessiné qui s'appuie sur une base culturelle commune et une imbrication familiale solide. Il est autrement plus consistant que les liens qui nous unissent aux pays baltes. Ceux-là prétendent pourtant nous impliquer dans la conquête de l'Ukraine, de la Moldavie ou de la Biélorussie. Cela pour dire combien nous n'avons pas à nourrir de complexes ou redouter un bannissement que décideraient les Allemands. Ils n'en ont d'ailleurs pas les moyens. Et sans doute pas l'intention. Mais les circonstances peuvent accélérer le cours de l'histoire et le tempo de choix. L'euro est le seul liant matériel de l'Union européenne. Sans lui, que resterait-il du projet dont tout le monde sait qu'il a été tué par le mercantilisme? Qu'en restera-t-il en toute hypothèse après que le grand marché transatlantique aura été mis en place? On sait que la monnaie unique est allemande. Mais elle est mise en danger par l'Allemagne elle-même. La dictature de l'austérité peut jeter dehors à tout moment des pays qui auront été mis en banqueroute. Que vaut une monnaie dont les frontières politiques sont menacées par une telle instabilité? On va le voir bientôt. Au demeurant, on peut aussi

imaginer qu'un gouvernement français décide
de rompre avec la soumission actuelle. Et qu'il
ait un programme capable de rallier les pays
du Sud et d'autres pour aller dans une autre
direction. Les Allemands ont eu cette discussion publiquement en 2010. Le plus haut
responsable du cabinet de monsieur Schäuble
a imaginé un euro du Sud. L'excitation que
leur donne l'annexion économique de l'Est qui
est leur véritable projet peut les conduire à
des «plans B» qui stupéfieront ceux qu'ils
auront ainsi dupés pendant tant de temps. La
discussion sur la monnaie unique n'est donc
pas une discussion technique et elle ne résume
d'aucune façon la tâche à accomplir. Elle n'est
qu'un aspect du problème posé dont la clé est
ailleurs : qui décide en Europe et chez nous ?
La rente ou le travail ? Le peuple ou l'oligarchie ? La Banque centrale ou les citoyens ?
L'Allemagne ou l'union libre de peuples libres ?

L'action politique s'inscrit dans les réalités
culturelles et matérielles. Et dans les rapports
de forces qui vont avec. Les nations restent
encore des acteurs de l'histoire essentiels en
face des firmes transnationales parce que ce
sont elles qui peuvent produire le droit et

les normes. Et les faire respecter par tous les moyens y compris ceux de la force. Une nation est d'autant plus forte que son peuple se rassemble sur des objectifs communs qui satisfont nécessairement aux intérêts du plus grand nombre. Certes la nation peut conduire à la guerre aussi longtemps qu'elle s'enferme dans une définition ethnique de son existence et qu'elle se met au service d'intérêts égoïstes. Il en va tout autrement quand elle se vit comme une plate-forme de l'universalisme, partageant les devoirs communs de l'humanité tout entière. Sous cet angle, la France est une nation singulière. Elle a été bien fondée. Pourquoi notre pays serait-il complexé par la part de gloire universaliste qu'il s'est acquise? Son voisin sénescent n'affiche-t-il pas sans ambages sur le nouveau fronton du Bundestag son ambition étriquée d'être voué au *deutschen Volk*? Le *Volk*! C'est-à-dire l'ethnie dont le programme vient avec le sang reçu de ses parents depuis le temps des hordes que Rome s'épuisa à contenir.

Croire que notre nation n'a ni rôle ni moyen et que tout futur dépend désormais de décisions qui sont vouées à lui échapper est un parti pris et non un fait établi. La puissance et l'énergie que contient la France permettent d'imaginer un autre futur. Il n'a besoin d'aucune permission extérieure pour se mettre en mouvement. Il exige toutefois une confiance en soi, une volonté et une audace qui ne viennent pas toujours à l'heure dans notre histoire. Mais elles finissent toujours par arriver.

Bibliographie

Ulrich Beck, *Non à l'Europe allemande. Vers un printemps européen ?*, Autrement, 2013 (préface de Daniel Cohn-Bendit).

Serge Berstein (dir.), *La Démocratie libérale*, PUF, col. «Histoire générale des systèmes politiques», 1998.

Jean-Pierre Chevènement, *Sortir la France de l'impasse*, Fayard, 2011.

Antonin Cohen, *De Vichy à la Communauté européenne*, PUF, 2012.

François Denord et Antoine Schwartz, *L'Europe sociale n'aura pas lieu*, Raisons d'agir, 2009.

François Denord, *Néo-libéralisme version française : histoire d'une idéologie politique*, Demopolis, 2007.

Guillaume Duval, *Made in Germany, le modèle allemand au-delà des mythes*, Seuil, 2013.

Marcel Fratzscher, *Die Deutschland-Illusion. Warum wir unsere Wirtschaft überschätzen und Europa brauchen* («L'illusion allemande. Pourquoi nous surestimons notre économie et avons besoin de l'Europe»), Hanser, 2014.

Olaf Gersemann, *Die Deutschland-Blase* («La Bulle allemande», DVA, 2014.

Jacques Le Rider, *La Mitteleuropa*, PUF, 1994.

Frédéric Lordon, *La Malfaçon. Monnaie européenne et souveraineté démocratique*, Les liens qui libèrent, 2014.

Alain Minc, *Vive l'Allemagne !*, Grasset, 2013.

Bruno Odent, *Modèle allemand, une imposture : L'Europe en danger*, Le temps des cerises, 2014.

Zeev Sternhell, *Les Anti-Lumières. Une tradition du XVIIIe siècle à la guerre froide*, Gallimard, «Folio Histoire», 2010.

Matthias Tavel, *Le Cauchemar européen : comment s'en sortir !*, Bruno Leprince, 2013.

Table

Imprimé en France par CPI
en avril 2015

pour le compte des Éditions Plon
12, Avenue d'Italie 75013 Paris

Composition réalisée par GRAPHIC HAINAUT

N° d'impression : 128138
Dépôt légal : mai 2015